나를
찾아가는
글쓰기

있는 그대로의 나를 사랑하는 여정

장윤영 지음

초판 1쇄 인쇄 2023년 9월 1일

지은이 장윤영
발행인 이승구
디자인 ㈜에듀비전
일러스트 심재원

발행처 ㈜에듀비전
등록출판업신고 제 2020-000089호
주소 서울시 강서구 공항대로227 센트럴타워 1019호
전화 02-1544-4364
팩스 070-4369-3741
웹사이트 www.myeduvision.com

ISBN 979-11-971343-1-9   43190

일러두기

각 장마다 글쓰기 메모, 글쓰기 란에 글쓰기 과제를 제시합니다. 각자 선호하는 방식으로 손 글씨, 워드 프로세서, 인터넷 등에 글을 쓸 수 있습니다. 《나를 찾아가는 글쓰기》에서는 노션 글쓰기 템플릿을 드리니 필요하신 분은 복제해서 사용하시기 바랍니다.

글쓰기 템플릿 https://bit.ly/3U697zE에서 전체 링크를 제공합니다. 또한 여기서 노션을 처음 사용하는 분을 위해 노션 가입 방법과 템플릿 복제하는 방법을 알려드립니다.

각 장에도 노션 글쓰기 템플릿 링크와 QR코드가 있습니다. 필요하신 분은 복제해서 사용하시기 바랍니다.

PC: 각 페이지의 링크를 브라우저에서 입력하여 이동하세요. 화면 오른쪽 상단의 [복제]를 클릭하면 자신의 노션 워크스페이스로 옮길 수 있습니다. 이후 자유롭게 편집합니다.

메모: 나를 소개합니다

모바일: 각 페이지의 QR코드를 스캔하여 이동하세요. 화면 오른쪽 상단의 […]을 클릭하면 메뉴 화면이 나옵니다. 여기서 [페이지 복제]를 선택하면 자신의 노션 워크스페이스로 옮길 수 있습니다. 이후 자유롭게 편집합니다.

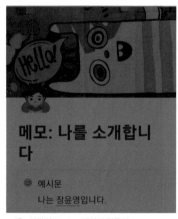

목차 —————————————————————— ✳

프롤로그

학창 시절에 저는 꿈이 없었어요. 그냥 공부하는 게 좋았죠. 어떤 과목이나 제가 노력한 만큼 결과가 나왔기에 특별히 좋거나 싫어하는 분야가 없었어요. 요즘은 모두가 열심히 하니 어려운 일이긴 합니다만. 고등학교 2학년 때 갑자기 미래가 걱정되었어요. 그래서 선생님께 진로를 문의했더니 이렇게 말씀했어요.

"니가 공부만 잘하면 어디든 갈 수 있고, 무엇이든 할 수 있으니 지금은 신경 쓰지 말고 공부나 열심히 해라."

지금 생각하면 아주 잘못된 답변입니다. 저에게 조금이라도 "뭐가 더 좋은지? 무엇을 할 때 행복한지? 어떤 일을 하고 싶은지? 꿈은 무엇인지? 다양한 경험을 해보고 고민해라."라고 말했더라면 어땠을지 하는 아쉬움이 남습니다. 저는 선생님의 조언대로 열심히 공부했고, 대학 전공을 선택하는 고등학교 3학년이 되었을 때 어디든 선택할 수 있는 성적을 가졌어요. 하지만 그 '어디든'이 무엇인지 몰랐답니다.

부모님과 선생님 말씀을 잘 듣는 착한 학생이었던 저는 조언대로 약학과를 지원했어요. 약사는 여자가 평생 전문직으로 편하게 일하며 고소득을 번다는 이유 때문이었어요. 하지만 운명은 저를 그냥 두지 않았습니다. 평소보다 대학입시를 잘 치르지 못했어요. 불행 중 다행인지 2지망으로 미생물학과에 합격했어요. 지금은 수능을 보지만 당시는 학력고사였고 1지망, 2지망, 3지망까지 동일 대학에 다른 과로 지원할 수 있었습니다. 재수할까 잠시 고민도 했으나, 원래 약학과도 원했던 전공이 아니어서 미생물학과를 숙명으로 받아들였습니다.

저는 미생물학이 무엇인지도 몰랐고 관심도 없었어요. 저보다 성적이 낮은 친구들과 같은 과에 다닌다는 사실에 자존심이 상했고 친구들을 무시하기까지 했죠. 무엇보다 승승장구했던 인생에서 맞이한 첫 실패여서 자괴감이 컸어요. 이런 저에게 정신 차리게 자극을 준 친구가 있었어요. K는 고등학교부터 미생물학이 좋아서 과 수석으로 들어온 친구인데, 진심으로 전공을 사랑했고 수업 시간에 즐겁게 학습했어요. 제가 좋아하는 전공은 아니었지만 어떻게든 그 친구를 이겨보려고 열심히 공부했죠. 하지만 번번이 그 친구가 1등을 차지했어요. '정말로 무언가를 좋아서 하는 사람은 열심히 해도 이길 수 없다.'는 사실을 그때 절실히 깨달았습니다.

그 친구 덕분에, 전공 공부를 열심히 했고 학점도 좋았지만, 마음속엔 늘 열등감이 남았어요. '나는 무엇을 좋아하는 사람일까?'라는 질문에 대답할 수 없었죠. K는 미래 비전을 확고히 가진 채 대학원 진학을 준비했고, 저는 별생각 없이 그녀를 따라 대학원에 가려 했습니다. 그러다 제 성향이 이과가 아니라 문과라는 것을 어렴풋이 알아차렸습니다. 당시 영어가 재미있어서 영문학을 전공하면 좋겠다는 생각을 막연히 가졌어요. 복수전공으로 영문학을 선택하고 싶었으나 이미 늦었죠. 복수전공을 하려면 적어도 3학년부터 시작해야 했는데 저는 4학년 2학기부터 시작하려 했으니까요.

교학처에서 거절했으나 상담과 설득 끝에 허락받아 영문학과로 복수전공을 시작했습니다. 4학년 2학기 때 영문학과에서 2학년 학생과 함께 12학점을 들었습니다. 미생물학과 달리 영문학은 재미있었어요. 영문학사, 현대 영미 희곡 등을 수강하며 좋아서 하는 공부가 무엇인지 알게 되었죠. 아서 밀러의 《세일즈맨의 죽음》을 배우며 삶의 비극을 생각했고 작가를 꿈꾸기도 했어요. 어린 친구들과 수업 듣는 것도 처음엔 어려웠지만 점점 익숙해졌어요.

그러다 문득 졸업반 친구들이 취업하는 걸 보고 부럽고 질투가 났어요. 혹시나 하는 마음으로 딱 두 군데 기업에 이력서를 냈어요. 불합격하면 계속 영문학 공부를 하면 되고, 합격하면 취업하겠다고 생각했죠. 이 또한 운명이었는지 한 곳에 합격하여 미련 없이 복수전공을 버렸어요. 당시는 지금만큼 취업이 어렵지 않았거든요. 교학처의 반대를 무릅쓰고 진행한 복수전공이었는데 학교에 미안했지만 제 인생이 더 중요하다고 판단했습니다. 그렇게 저는 IT 프로그래머 인생을 시작했어요.

돌이켜보면 제 인생을 누군가가 정해주거나 혹은 깊은 생각 없이 즉흥적으로 선택했습니다. 제가 주도적으로 결정하지 않은 분야에는 흥미도 생기지 않았고 오래가지도 않았습니다. 대학 졸업 후 13년이 지나서야 저 자신을 다시 돌아보고 자세히 살펴봤어요. 고등학교 2학년 때 떠올렸던 질문을 다시 던졌습니다.

'과연 나는 무엇을 좋아하는 사람일까?'

그때 얻지 못했던 답을 19년이 지나서야 조금 알 수 있었습니다. 그렇게 시작한 고민으로 지금은 제자리를 찾았어요. 그동안의 방황과 경험이 모두 쓸모없지는 않았습니다. 돌아왔기에 더 잘 볼 수 있었어요. 때로는 청소년에게 자신이 좋아하는 일을 정하라고 말하는 게 가혹하다고 느껴집니다. 물론 정보는 예전보다 많고 다양한 진로 체험 프로그램으로 간접 경험도 가능합니다. 그럼에도 불구하고 진로 결정은 여전히 어려워요. 나이 50, 60이 되어도 아니 죽을 때까지 못 찾는 사람도 많거든요. 그에 비하면 저는 운이 좋은 사람입니다. 이 책을 읽는 여러분은 더할 나위 없고요.

이 결과가 말해주는 것은 분명하다. 자기 분야에서 뛰어난 업적을 남기는 사람들은 각각 해당 분야와 관련되는 지능과 함께 모두 자기 이해지능이 높다는 사실이다. 다시 말해서, 논리-수리지능만 높다고 해서 뛰어난 과학자가 되는 것은 아니며 음악지능만 높다고 해서 뛰어난 음악가로 성공하게 되는 것도 아니다. 운동지능만 높아서는 뛰어난 운동선수로 성공하기 어렵다는 것을 의미한다, 어느 한 가지 이상의 지능과 함께 반드시 자기 이해지능이 높아야만 뛰어난 업적을 이룰 수 있게 되는 것이다.

《 회복탄력성 》중에서 (김주환 저)

아마도 저는 자기 이해지능이 낮았나 봅니다. 하지만 시간이 지날수록, 저를 이해하려고 노력하면서, 현재는 다중지능 중 자기 이해지능이 가장 높아요. 누구보다 제가 무엇을 좋아하는지 잘 알고, 어떤 강점이 있는지, 어떤 약점이 있는지, 저의 가치관은 무엇인지, 제 존재 이유를 잘 알거든요. 가끔 제가 몰랐던 모습을 발견하고 놀랄 때도 있긴 합니다. 여러분도 지금부터 자신을 탐구하면 자기 이해지능을 높일 수 있습니다. 저보다 훨씬 빠르게 출발하는 여러분께 축하를 드리고 싶어요.

사실 자기 이해는 평생의 여정입니다. 아무것도 하지 않고 생각만으로 자신을 알기란 어렵습니다. 당장 무엇이라도 하면서, 싫은 게 무엇인지 알아야 해요. 점점 하기 싫은 일을 없애 나가다 보면 좋아하는 일을 알게 됩니다. 다양한 경험을 하면서, 다른 사람의 조언도 듣고, 또 그만큼 스스로 성찰하면서 조금씩 찾아 나가야 합니다. 때로는 답답하고 막막해요. 하지만 포기하지 않고 계속 찾아가는 노력을 기울이며 시행착오를 거친다면 언젠가는 찾을 수 있어요. 이 책이 여러분의 여정에 도움이 될 것입니다.

스스로 물어보세요.

'과연 나는 무엇을 좋아하는 사람일까?'

이 질문에 답하는 사람은 적어도 행복한 사람입니다.

 글쓰기 메모

나를 소개합니다

예시

나는 <u>장윤영</u> 입니다.

나는 <u>책 읽고 글 쓰는 일</u>을 좋아합니다.

왜냐하면

<u>책을 읽으면 내가 경험하지 못한 새로운 삶을 간접 경험해서 좋고 글을</u>

<u>쓰며 내 생각을 정리하고 또 다른 사람과 나눌 수 있기</u> **때문입니다.**

나는 ＿＿＿＿＿＿＿＿＿입니다.

나는 ＿＿＿＿＿＿＿＿＿＿＿＿＿ 일을 좋아합니다.

왜냐하면

＿＿＿＿＿＿＿＿＿＿＿＿＿＿＿＿＿＿＿＿＿＿＿＿＿＿＿＿

＿＿＿＿＿＿＿＿＿＿＿＿＿＿＿＿＿＿＿＿＿＿＿＿＿＿＿＿

＿＿＿＿＿＿＿＿＿＿＿＿＿＿＿＿＿＿＿＿＿＿＿＿＿＿＿＿

＿＿＿＿＿＿＿＿＿＿＿＿＿＿＿＿＿＿＿＿＿＿＿＿＿＿＿＿

＿＿＿＿＿＿＿＿＿＿＿＿＿＿＿＿＿＿＿＿＿＿＿＿＿＿＿＿

때문입니다.

https://bit.ly/3zHXyq4

1화

나의 행복한 순간

제1화
나의 행복한 순간 _____ ✳

    덴마크 국민의 행복지수는 전 세계 1위입니다. 《휘게 라이프》의 저자 마이크 비킹은 덴마크 사람들의 행복 비결이 '휘게 (Hygge)'라고 말합니다. 휘게는 편안함, 따뜻함, 친밀함, 단란함을 의미하는 노르웨이 단어입니다. 책에서 알려주는 휘게 십계명을 보는 것만으로 마음이 따뜻해집니다. 이 십계명은 순간에 충실하고, 감사하고, 나보다는 우리를 강조해요. 특히 "우리는 이미 당신을 좋아한다."라는 문장이 마음에 크게 다가옵니다. 어떻게 하든, 존재 그 자체만으로도 이미 좋아한다니 감사한 일이 아닌가? 살아있다는 것만으로도 축복받고 사랑받을 일이지요.

    한편 우리의 삶은 끝이 예정되어 있어 외면할 수 없어요. 죽음은 누구에게나 공평하니까요. 언제일지는 알 수 없지만 모두에게 마지막 날이 올 겁니다. 그날만 기다리며 우울하게 살아야 할까요? 그렇지 않아요. 《죽음에 관하여 3》에서는 지금 이 순간, 지금 여기, 우리가 살아 있음을 느끼고, 즐기고, 감사하며, 가치 있게 보내야 한다고 알려줍니다. 행복은 상대적입니다. 일상 그 자체가 소중한데 우리는 죽음을 망각하듯이 행복도 망각하고 삽니다. 고통과 인내의 순간을 겪고 나면 소소한 행복이 우리 앞에서 빛을 발합니다.

행복은 강도가 아니라 빈도입니다. 그 빈도를 알아차린다면 자신이 얼마나 행복한 사람인지 알 수 있어요. 《몰입의 즐거움》의 저자 미하이 칙센트미하이는 사람이 몰입하는 순간과 기분 상태를 확인하려고, 실험 대상자들에게 하루 10회 알람을 주어 기록하도록 지시했어요. 여러분에게도 이 방법을 권합니다. 알람까지는 아니더라도 여러분이 언제 행복한지 알기 위해, 행복한 순간을 기록해보세요. 오랜 기간 관찰하면서, 정말 행복한 순간인지 아닌지 판단하며 수정해 나가면 더 정확한 정보를 얻을 수 있지만 일단 일주일만 시도해 볼까요?

지금부터 행복을 느낀 순간을 기록해보세요. 행복은 순간에 찾아오고 금세 사라지므로 망각하기 쉬워요. 어느 순간 행복하다는 생각이 들면 바로 메모하세요. 같은 구절을 수백 번 읽어도 고스란히 잊어버리는 능력이 있지만 모든 악조건을 성실한 '기록'으로 극복했다는 《모든 요일의 기록》의 김민철 작가처럼 기록을 남겨 보세요. 《꾸뻬 씨의 행복 여행》의 헥터가 행복을 찾아가는 여행에서 23가지 행복을 찾은 것처럼 내 삶에서 행복의 순간의 목록을 만들어 보면 어떨까요?

행복 (happiness)의 어원은 '일어나다' (happen)라고 합니다. 행복은 드라마나 이벤트처럼 어느 순간 찾아오는 게 아니라 소소한 우리의 삶에 스며 생겨납니다. 자연스럽게 현재의 삶에 몰입하면서 행복을 느껴보세요. 행복한 순간을 메모하는 것만으로 여러분은 행복에 빠지는 마법에 걸립니다.

글쓰기 메모

이번 주 나의 행복한 순간

나는 <u>방학 계획을 세우며</u> 행복감을 느꼈다. <u>이 순간만큼은 뭐든</u>
<u>계획대로 잘 될 것 같은 희망에 벅차오르기</u> 때문이다.

나는 <u>오늘 집에 혼자 있으며</u> 행복감을 느꼈다.
<u>가끔 혼자만의 시간은 사치와 같기</u> 때문이다.

① 나는_____행복감을 느꼈다.
_____ 때문이다.

② 나는_____행복감을 느꼈다.
_____ 때문이다.

③ 나는_____행복감을 느꼈다.
_____ 때문이다.

④ 나는_____행복감을 느꼈다.
_____ 때문이다.

⑤ 나는_____행복감을 느꼈다.
_____때문이다.

⑥ 나는_____행복감을 느꼈다.
_____때문이다.

⑦ 나는_____행복감을 느꼈다.
_____때문이다.

⑧ 나는_____행복감을 느꼈다.
_____때문이다.

⑨ 나는_____행복감을 느꼈다.
_____때문이다.

⑩ 나는_____행복감을 느꼈다.
_____때문이다.

https://bit.ly/3FxptvB

학습과 여유에서 오는 행복 _____ ＊

 지난 일요일에 종일 일했습니다. 근무 시간 중에는 짬을 내어 절대 할 수 없는 덩어리 일을 하려고 일요일에 시간을 비워뒀는데요. 시범 강의 준비로 강의 슬라이드를 집중해서 살펴봤어요. 또 다른 강의를 위해 이러닝을 6시간 이상 수강했어요. 평소보다 더 일했네요.

 최근 회사 일로 아주 바쁜데, 이유 중 하나가 이런 강의 준비와 수강 때문입니다. 회사에서 강의를 위해 근무 시간 외 아침저녁으로 감성지능 원서를 읽습니다. 또 연말에는 교육 담당 업무를 위한 마스터 코스에 참여할 예정입니다.

 사실 본업은 교육이 필요한 분의 니즈를 파악하여, 가장 적합한 교육 방법을 기획하여, 강의를 제공하고, 결과를 보고하는 일입니다. 강의는 다른 강사분들의 일인데 굳이 손을 들어 추가로 일합니다. 그러니 시간이 부족해서 주말까지 할애하는 거죠. 왜 그런 걸까요? 일에 미친 걸까요? 제정신이 아닌가 봅니다.

 다른 분들의 성장을 돕는 일을 사랑하는데요. 특히 이런 강사양성 과정에 참여하는 건 특혜라고 생각합니다. 월급받으며 교육도 듣는 게 감사하더라고요. 솔직히 좋아하는 일 하며, 이 나이 먹도록 직장인으로 일하는 것만으로도 감사가 넘칩니다.

이렇게 얻은 강사 자격은 당장 일로 강의하겠지만, 그 지식과 경험이 영원히 자산이 되는 게 좋습니다. 돈이야 도둑맞으면 사라지지만, 학습으로 얻은 지식은 그 누구도 앗아갈 수 없으니까요. 나중이고 뭐고, 지금 이 순간 하나라도 배우는 그 자체가 만족스럽습니다. 행복한 순간을 떠올린다면, 내가 좋아하는 일을 하며 월급도 받는 지금 직장인의 모습입니다.

토요일에는 '야생화 씨드 볼 만들기' 모임에 참여했어요. 반려 식물 키우는 사람들과 흙을 만지며 생태환경을 생각해보려는 의도였습니다. 생각지도 않았는데 40분 정도 강의를 듣고 20분 동안 씨드 볼을 만들었는데요. 리와일딩 (rewilding, 멸종 위기 동물의 종을 방생하거나 황무지를 복원 및 보호하는 등의 환경보호), 슈퍼 블룸 (super bloom, 사막에 일시적으로 들꽃이 많이 피는 현상, 대문 사진 참고), 씨드 밤 (seed bomb, 씨앗 폭탄), 게릴라 가드닝 (guerrilla gardening, 방치된 땅을 발견해 정원 활동을 진행), 자연주의 정원 (자연 생태계와 가장 가깝게 구성하는 방식), 피트 아우돌프 (세계적 자연주의 정원 선구자)와 같은 신세계를 만났습니다.

식물을 집에만 들이면 늘 죽이던 제가 최근 벵골고무나무로 시작해서 스킨답서스, 캣잎, 바질, 방울토마토, 스투키까지 반려 식물과 함께하는데요. 야생화 씨드 볼이 뭔지는 몰랐으나 로즈메리 화분을 준다고 해서 참여했어요. 우리 주변 환경을 위해 봉사하는 분들의 이야기와 도심 자연 생태계 복원 활동을 알게 되니 재미있더라고요. 일과 삶에서 배우고 성장하는 게 삶의 활력소가 됩니다.

그런 와중에 지인에게서 연락이 왔습니다. 코로나가 다시 재확산

되는 조짐이 보이긴 하지만, 추억을 떠올리며 함께 시간을 보내자고 말이죠. 딸이 중학교 다닐 때 알게 된 엄마들과 7월에 1박 2일 자연 휴양림으로, 대학원에서 만난 인사교육 담당자들과 8월에 1박 2일 여행을 떠납니다. 아무리 일이 많고, 개인적인 삶에 정신이 없더라도 만날 사람은 만나야죠. 저에게도 휴식이 필요합니다. 자연 속에서 사랑하는 사람들과 맛난 음식 먹으며 보내는 여유 있는 시간, 그게 바로 행복한 순간이 아닐까요?

제 행복의 원천은 일과 삶에서 누리는 학습과 사람들과 보내는 여유 있는 시간입니다. 지금, 이 순간 저는 행복합니다. 여러분에게 행복의 원천은 무엇인가요?

행복은 무료 업그레이드와 같은 것 _____ ✳

　10시간 이상 장거리 비행기를 타야 합니다. 비행기 티켓을 발권하는 순간 만석이라며 비즈니스 클래스로 업그레이드해 줍니다. 여행을 갑니다. 호텔에 숙박하려는데 일반 객실이 만실이라며 스위트 룸으로 업그레이드해 주네요. 자주 가던 식당에 갑니다. 신메뉴를 개발했다면서 특별식을 제공합니다. 좋아요. 중국집에서 군만두 서비스라도 받아요. 살면서 비슷한 경험 한 번씩은 해보지 않았을까요?

　출장을 다니며 실제로 서너 번 비즈니스 클래스로 업그레이드를 받았어요. 처음에는 이게 웬일인가 싶었죠. 기내식은 그릇부터가 다릅니다. 일회용 플라스틱이 아닌 도자기 접시와 유리잔을 사용하죠. 사무장이 와서 직접 인사까지 건넵니다. 다리도 쭉 뻗을 수 있어요. 의자가 180도로 펼쳐지니 누워서 비행기를 탑니다. 꿈같은 시간이죠.

　'비행이 끝나면 비즈니스 클래스는 사라진다. 아무리 화려하고 멋있어도 내 것이 아니다. 나는 다시 일상으로 돌아갈 것이다.'

　한두 번 업그레이드 받고 나니 세 번째는 기쁘기보다는 평정심이 생겼어요. 끝이 있다는 것을 알게 되니 그다지 기쁘지 않았죠. 물론 업그레이드된 좌석에 앉아 편안하게 가는 것만으로 감사한 일입니다. 하지만 비행시간이 끝나면 다시 신데렐라의 마법이 풀려 평범한 사람으로 돌아가야 합니다. 일반석으로 가도 그다지 슬프지 않아요. 제가 영원히 일반석 인생을 사는 것도 아니기 때문이죠.

인생이 그런 게 아닐까요? 과연 영원히 소유할 수 있는 것은 무엇일까요? 어떤 부귀영화도 영원하지 않아요. 순간일 뿐입니다. 인생이 아무리 빛나고 잘나도 종착점은 정해져 있어요. 행복도 그래요. 어린 시절 소풍 가기 전날까지 얼마나 설레던가요? 특별한 이벤트가 있기 전날 얼마나 잠 못 들고 가슴 뛰던가요? 하지만 모든 게 끝이 있습니다. 영원한 행복은 없어요. 오히려 기다리는 순간이 더 즐거운 경우가 많아요.

어차피 죽을 거 아무것도 하지 말아야 할까요? 어차피 영원한 행복은 없으니 기뻐하지 말아야 할까요? 아니, 그렇지 않습니다. 끝이 있는 것을 아니까, 영원하지 않으니까 그 순간을 만끽해야 합니다. 행복한 순간을 즐기고, 다음 행복한 순간이 올 그날을 설레며 기다려야 할 것이죠. 행복한 시간을 계획하고 설레는 마음으로 기다리면서, 때가 오면 즐기고, 또 다음번을 기약하는 삶, 그게 인생입니다. 그러다 예상치 않았는데 행복한 일이 생기면 뜻밖의 선물처럼 즐기면 되겠죠. 무료로 비행기 좌석이 업그레이드되는 순간처럼 말입니다.

66

'내 행복을 도대체 왜 다른 사람이 챙겨주길 바랬던 거지?
가만히 기다렸으면 큰일 날 뻔했잖아.'

《 1cm 다이빙 》 99

66

"말하자면 네가 오후 4시에 온다면 난 3시부터 행복해질 거야. 시
간이 흐를수록 나는 더욱더 행복해지겠지. 4시가 되면 나는 네가 너
무 보고 싶어져 안절부절못할 거야. 이런 행복이야말로 얼마나 소중
한지 몰라. 하지만 네가 아무 때나 온다면 언제부터 널 기다려야 될
지 모르잖아. 그렇기 때문에 의식이 필요하단다."

《 어린왕자 》

99

66

언제나 우리의 곁에 죽음이 있다면, 그게 오늘일 수도, 내일일 수
도 있다면, 우리는 왜 살아야 하는가.
우리는 왜 행복을 추구해야 하는가, 죽음 앞에 부질없음을 왜 우
리는 모른 척하는가

언제나 우리의 곁에 죽음이 있기에. 그렇기에 오늘이, 내일이 소중함을.

우리가 살아 있음을 언제나 새삼 느끼기를. 그렇기에 오늘 하루 행복을 추구함을. 죽음 앞에 가치 있음을

《 죽음에 관하여 3 》

여행을 마치고 돌아온 뒤 꾸뻬는 자신을 찾아오는, 불행하지도 않으면서 불행하다고 생각하는 사람들에게 다음의 글귀가 적힌 카드를 선물하기를 좋아했다.

춤추라, 아무도 바라보고 있지 않은 것처럼.

사랑하라, 한 번도 상처받지 않은 것처럼.

노래하라, 아무도 듣고 있지 않은 것처럼.

살라, 오늘이 마지막 날인 것처럼.

《 꾸뻬 씨의 행복 여행 》

글쓰기

나의 행복한 순간

  일주일 중 행복을 느낀 순간을 기록한 후, 기록에 근거하여 작성합니다.

https://bit.ly/3biOK0p

2화

내 삶의 목적

 '내 삶의 목적'을 글로 쓰는 건 쉽지 않아요. 한때 막연히 생각은 해 봤겠지만, 생각을 정리하거나 글로 완성하기도 어렵습니다. 여기서 포기하고 싶은 충동을 느끼죠. 너무 어렵게 생각하지는 마세요. 삶의 목적을 정의하는 것도 좋고 아니라면 내가 살아가는 데 중요하다고 생각하는 원칙이나 가치를 3가지 정도 뽑아보세요. 그 원칙이나 가치가 왜 나에게 중요한지 적어보면 내 삶이 목적을 알 수도 있습니다.

 버티어야 합니다. 이 어려운 고비를 넘기고 나면 다음 글쓰기는 쉬워지니까요. 도전은 항상 우리에게 배움과 성장을 제공합니다. 이 과제가 큰 걸림돌 같지만 알고 보면 다음 단계를 한결 수월하게 가도록 도움을 주는 디딤돌입니다. 삶의 목적은 나를 찾아가는 여정에 기준점이 되기 때문이죠. 과거에 피해 갔다면 이번에는 제대로 부딪힐 차례입니다. 인생에서 한 번은 풀어야 할 과제죠. 완벽하지 않아도 괜찮아요. 매듭을 짓고 가요. 이런 매듭들을 연결하면 내 삶이 완성됩니다.

 내 삶의 목적이 어렵게 느껴지는 이유는 목적이라는 단어가 너무 거창하게 느껴지기 때문이기도 합니다. 《12가지 인생의 법칙》에서 조던 B. 피터슨은 높은 목표를 세우면 의미가 저절로 나온다고 했어요. 내가 바꿀 수 있는 것은 바꾸고, 현재의 지식에 교만하지 않는 것, 겸손한 마음, 나의 부족함을 인정하는 것, 거짓말하지 않는 것, 바르게 행동하는 것과 같이 인생의 수고로움을 덜고 세상을 좋게 만드는 일이 삶의 목적이 될 수 있습니다.

인생을 한 번 더 둘러보고 생각할 시간이 필요할지도 몰라요. 삶에 대한 태도, 학습, 관계, 즐거움, 희망, 진리, 열정, 사랑을 총망라하는 인생 학습서인 《라틴어 수업》을 읽으며 고민해볼까요? 글 말미에서 저자가 던지는 질문에 하나씩 답하다 보면 방향성이 보일 것입니다. 《니체의 인생 강의》의 도움을 받아 삶의 내면으로 들어가서 책임감 있는 삶을 모색해 보는 건 어떨까요? '우리는 차원이 더 높은 무언가를 이루기 위해 이 세상에 태어난 것은 아닐까? 인생의 의미란 무엇일까? 나는 어디로 향해, 어떤 삶을 살아야 하는 걸까?'라는 질문의 답을 청년이 찾아가듯이 《미움받을 용기》에서 단서를 얻어보는 것도 좋아요.

《신경 끄기의 기술》에서 마크 맨슨은 더 나은 삶으로 가기 위한 5가지 가치관을 제시합니다. '내 삶에서 일어나는 모든 일에 책임을 질 것, 내가 옳다는 확신을 버리고 틀릴 가능성을 받아들일 것, 실패를 두려워하지 않을 것, 거절하는 기술을 익힐 것, 내가 언젠가는 죽는다는 사실을 숙고할 것' 이런 식으로 내 삶에 필요한 가치나 원칙이 무엇일지 고민해 보세요. 여러분에게 일이 소중하다면, '일하는 것은 스스로를 단련하고 마음을 갈고 닦으며 삶의 중요한 가치를 발견하기 위한 행위'라고 말하는 이나모리 가즈오의 《왜 일하는가》를 읽고 자신의 정체성을 정의해 보는 것도 좋습니다.

내가 존재하는 이유나 삶의 최종 목적지가 너무 멀게 느껴지면 그 목적에 도달하기 위해 3년 후에 되어야 할 모습을 상상해 보세요. 3년 후 혹은 최종 목적을 위해 일관되게 지켜야 할 가치 혹은 삶의 원칙이 무엇인지 고민하고 글을 써보세요.

 글쓰기 메모

내가 지켜야 할 가치

예시

1. 내 삶의 목적은? (존재 이유, 최종 목적지)

나 스스로 새로운 배움을 얻고 다른 사람에게 영향을 미쳐 함께 성장

해 나가기 위함

2. 목적에 다가가기 위해 3-5년 뒤 도달해 있어야 하는 모습은?

작가 되기

내 자신의 콘텐츠 개발

비즈니스 코치

3. 위 두 가지를 위해 일관되게 지켜야 할 가치 3가지 찾아보기

학습, 지원, 성찰, 진정성, 변화 주도

1. 내 삶의 목적은? (존재 이유, 최종 목적지)

_____

_____

_____

_____

2. 목적에 다가가기 위해 3-5년 뒤 도달해 있어야 하는 모습은?

_____

_____

_____

_____

_____

_____

3. 위 두 가지를 위해 일관되게 지켜야 할 가치 3가지 찾아보기

_____

_____

_____

_____

_____

_____

https://bit.ly/3olwelc

내가 존재하는 이유 _____ ※

12년의 방황과 몸부림 끝에 직무를 바꾸었습니다. 이유는 단 하나, 좋아하는 일을 하고 싶었기 때문이죠. 처음엔 확신이 없었지만 내가 좋아하고 잘할 수 있을 것 같은 업무, 교육담당업무 (HRD, Human Resource Development)를 선택해서 14년째 일하고 있어요. 한두 해를 보내며 잘 바꾸었다는 생각이 들었고, 이제는 감히 천직을 찾았다고 말합니다. 이 일을 하면 할수록 행복하거든요. 저의 전성기는 아직 오지 않았다고 말할 만큼 하루하루가 즐겁고, 새로운 배움과 성장으로 가득합니다. 내 삶의 행복은 직무 전환으로부터 시작했다고 말해도 과언이 아닙니다. 과연 제 일이 그렇게 즐겁고 행복할까요?

어떻게 보면 허드렛일로 가득합니다. 일정을 관리하고, 사람들에게 알리고, 한 사람이라도 더 참여하도록 챙기고, 빠진 것은 없는지 돌아보고, 각종 문제 상황에 대처해야 합니다. 전문성이 가끔은 필요하지만, '과연 내가 전문가인가?'라는 질문에는 부끄러울 때가 있어요. 때로는 '누구나 다 할 수 있는 일이 아닌가?', '꼭 나여야 하는 이유는 무엇인가?'라는 질문에 자신감이 떨어지기도 합니다. 그럼에도 불구하고 제 일을 사랑하고 가능한 이 일을 계속하고 싶은데 그 이유를 이 책에서 알 수 있었어요.

"당신이 사랑하는 일을 하지 마라. 당신은 당신이 사랑하는 일을 해서 먹고살 수 있는 행운아인가? 오래지 않아 더 이상 그것을 사랑하지 않게 될 것이다. 당신이 창출하는 가치를 사랑해야 한다. 과정은 어렵지만 그 과정을 통해 창출되는 가치를 향한 당신의 사랑이 그 어려움을 정당화해 준다."

《언스크립티드》 중에서

'나는 내 일 자체를 사랑하기도 하지만 일이 만들어내는 가치를 더 사랑하는구나! 그래서 일하는 과정에 생기는 허드렛일조차도 즐겁구나!'

제 일이 만들어내는 가치는 '나 스스로 새로운 배움을 얻고 다른 사람에게 영향을 미쳐 함께 성장하는 것'입니다. 저는 회사에 있는 구성원들이 자기 일을 더 잘하도록 지원합니다. 교육, 코칭, 정보 공유, 커뮤니케이션, 시스템 등의 다양한 개입으로 그들이 자기 일을 더 사랑하고, 더 동기부여가 되고, 더 많이 회사에 기여하도록 도와줍니다. 결국은 그들이 회사에서 성장하도록 돕습니다. 실질적인 도움을 받은 구성원들은 저에게 고마움을 표시하고 칭찬합니다. 다른 사람을 도와주면서 칭찬도 받고 돈까지 버는 이 일을 어찌 사랑하지 않겠습니까?

이러한 가치는 일에서만 나오는 게 아닙니다. 공부를 좋아하는 저는 수업 시간에 형형색색의 펜으로 노트 필기했어요. 일목요연하게 정리해 친구들에게 나누는 일은 더 큰 기쁨이 되곤 했어요. 혼자서 보기엔 제 시간과 노력이 너무 아까워서 공유하고 싶었고 친구들에게 도움을 주고 싶은 마음도 컸죠. 물론 노트 정리를 직접 하는 사람이 정리된 노트를 보는 사람보다 더 많이 알 수 있다는 자신감 때문에 가능했습니다. 친구들에게 칭찬이나 고마운 표시를 받으니 더 열심히 공유했어요. 덕분에 공부를 더 잘하게 되었죠.

TED 강연을 들으며 깜짝깜짝 놀랍니다. 전 세계 사람들이 펼치는 강연은 뛰어난 아이디어와 언변으로 가득해요. 그들의 강연을 보며 통찰력을 얻습니다. 혼자만 보고 알기엔 너무나 안타깝죠. 좋은 것을 다른 사람들과 함께 나누고 싶다는 마음에 TED 매거진 (TED를 통해 보는 세상)을 발행했어요. 물론 글로 나누기 위해서는 더 많이 듣고, 이해하고, 정리해야 하는 시간이 필요합니다. 이를 통해 저는 강연자가 전달하고자 하는 내용과 의도를 더 깊이 이해했어요. 덕분에 자연스레 영어 공부도 하고 강연자의 발표 스킬까지 배웁니다.

다른 사람의 성장을 돕는 방법으로 코칭이 있습니다. 인생을 살다 보면 항상 오르막만 가는 게 아니기에 내리막으로 접어들기도 합니다. 그럴 때 옆에서 지지하고 다시 오르도록 돕는 역할을 코치가 합니다. 코칭 대상자가 구체적인 목표를 세우고 실행 의지를 다져 스스로 실천해 나가도록 도움을 주는 게 코치의 역할이죠. 코칭으로 다른 사람의 성장을 돕는다고는 하지만, 그들이 변화하는 모습에 보람도 느끼고 저 또한 그들에게 배우는 게 많아요. 코칭 대상자로부터 진솔한 인생 고민과 이야기, 삶에 대한 노력과 태도를 듣고 보며 저를 다시 돌아봅니다. 코치로서 부족한 점은 없는지 늘 반성하고 제 삶에 더욱 충실하게 됩니다.

글을 쓰는 것 역시 이런 이유입니다. 저는 사람들과 만남으로 많이 배웠지만 독서로도 성장했어요. 책으로 받은 도움을 다른 사람에게

돌려주고 싶어요. 제가 경험한 인생을 나눠서 독자들이 간접 경험하고 성장하는 데 도움을 주고 싶어요. 일상에서 발견한 작은 기쁨과 깨달음을 글로 공유하여 그들도 무언가 느끼길 바랍니다. 책을 읽다 발견한 보석처럼 빛나는 문장을 소개하여 그들도 자극받거나 혹은 그 책을 읽도록 유도하고 싶어요. 제가 가본 영화관, 미술관, 공연장에서의 감동과 통찰을 나눠주어 그들이 더 성장하도록 도와주고 싶습니다.

다른 사람의 성장을 돕기 위해 제가 먼저 성장해야 하고, 더 많이 배우고, 경험하고, 느껴야 합니다. 이런 저의 배움과 성장에 대한 즐거움, 그로 인해 느끼는 충족감이 제 존재 이유입니다. 제가 다른 사람들과 대화하면서 듣는 가장 기분 좋은 말은 다음과 같아요.

"너와 함께 있으면 자극이 된다."

"너는 정말 에너지가 넘친다."

'나 스스로 새로운 배움을 얻고 다른 사람에게 영향을 미쳐 함께 성장하는 것'은 제가 존재하는 이유입니다.

내 안의 다르마 (Dharma) 발견하기 _____ ✳

　자기계발서만 읽는 분도 있고 혐오하는 분도 있습니다. 자신을 돌아보고 자극도 받기에 자기계발서를 즐겨 읽는 분이 있는 반면 성공 공식이라도 되는 듯 '~해야만 한다'라고 주입하는 강요 때문에 싫어하는 분도 있더군요. 저는 한때 자기계발서 마니아였어요. 고전이나 소설은 거의 읽지 않았고 주로 자기계발서나 한 사람의 인생 스토리를 담은 에세이를 읽었습니다. 그래서 자기계발서를 읽으면 과거 모두가 다 아는 내용을 복붙한 책인지, 아니면 작가의 경험을 녹여 새로운 사고로 기존의 수준을 뛰어넘는 책인지 금세 알아차립니다. 감히 자기계발서 전문가라고 외쳐봅니다.

　아침마다 명상하듯 영어원서를 15분 동안 읽습니다. 20번째로 선택한 책은 《Think Like a Monk》(수도자처럼 생각하기)입니다. 작년에 발간된 책인데 회사 내 다른 나라 지사장의 인생 책 중 하나였습니다. 제가 좋아하는 《마인드셋》, 《아티스트 웨이》, 《쓰기의 감각》, 《아주 작은 습관의 힘》, 《마지막 강의》, 《미움받을 용기》를 언급했기에 그가 추천한 《수도자처럼 생각하기》와 《연을 쫓는 아이》를 읽어보고 싶었죠. 역시나 탁월한 선택이었습니다.

삶의 목적에 해당하는 5장을 읽으며 공감이 되었기에 여러분에게 소개하고 싶었어요. '다르마(Dharma)'라는 용어는 어디선가 들어본 듯한데 정확한 의미는 몰랐습니다. 영어사전에서는 '(전 우주에 영향을 미치는) 진리'라고 설명합니다. 이 책에서는 산스크리트어인 다르마 (Dharma)를 '이게 너의 소명이다'로 정의하며 저자는 바르나 (Varna)와 세바 (Seva)의 결합으로 해석했습니다. 바르나 (Varna)는 '열정과 능력'으로 세바 (Seva)는 '세상의 필요를 이해하고 사심 없이 타인에게 봉사하는 것'이라는 데요. 결국 다르마는 타고난 재능과 열정 (바르나)로 우주가 필요로 하는 것 (세바)을 추구하는 삶을 의미합니다. 자신이 좋아하고 잘하는 일로 타인에게 봉사하는 삶을 의미합니다.

내가 뭘 좋아하는지, 뭘 잘하는지도 잘 모르는데 그걸 찾아 타인에게 봉사하라니 쉽지 않네요. 뭔가를 좋아하면 잘하게 되는 건 분명한 것 같아요. 때로는 잘하기 때문에 칭찬이 동기부여가 되어 더 잘하게 되기도 합니다. 예전 김제동 씨가 진행하는 토크쇼에서 누군가가 "제가 좋아하는 일과 잘하는 일 중 어떤 것을 선택해야 할까요?"라는 질문을 했습니다. 정확한 답변은 기억나지 않지만 그는 "보통 사람들은 둘 중의 하나도 찾기 어려운데 당신은 둘 다 가지고 고민하니 복도 많다."라고 대답했던 기억이 납니다. 그의 선택이 무엇이었는지 기억나지 않지만 좋아하는 일 (열정)과 잘하는 일 (전문성)의 공통분모 (재능)을 찾는 게 중요합니다. 이 재능이 타인을 위한 봉사로 연결될 때 우리는 삶의 목적을 찾는다는 저자의 의견에 무릎을 쳤습니다.

You can't be anything you want.
우리는 원하는 대로 될 수는 없다.
But you can be everything you are.
그러나 있는 그대로일 수는 있다.

《 Think Like a Monk 》(수도자처럼 생각하기)

더욱 중요한 건 열정과 목적이 먼 곳에 있지 않다는 점입니다. 다르마는 이미 우리 안에 있습니다. 우리가 계속해서 마음을 열고 호기심을 유지한다면 우리 안에 있는 다르마가 스스로 나타난다고 합니다. 다른 사람의 다르마를 쫓다 보면 스스로의 열정과 전문성은 무시하고 타인의 시선과 칭찬에만 목매게 됩니다. 어린 시절 저도 그랬습니다. 있는 그대로의 저를 인정하지 않았습니다. 뭘 좋아하는지도 몰랐고, 잘하는지도 몰랐어요. 그저 부모님이 칭찬하면 그게 재능인 줄 알았어요. 이제는 달라졌습니다. 좋아하는 일 (글쓰기)를 찾으려 했고 좋아하니 꾸준히 노력해서 잘하게 되었습니다. 여기서 잘하는 것은 절대적인 기준이 아니라 과거와 현재의 저를 비교하여 성장했다는 의미입니다. 그렇게 조금씩 한 발짝 나아갑니다. 그 발자국이 타인에게 조금이라도 도움이 되길 바라는 마음으로 다가섭니다.

여러분은 어떤가요? 여러분의 다르마는 무엇인가요? 여러분 안에 있는 다르마를 발견하기 위해 지금 무엇을 하나요?

"

강제수용소에서는 모든 상황들이 가지고 있는 것을 상실하도록 만든다. 평범한 삶에서는 당연했던 모든 인간적인 목표들이 여기서는 철저히 박탈당한다. 남은 것이라고는 오로지 '인간이 가지고 있는 자유 중에서 가장 마지막 자유'인 '주어진 상황에서 자신의 태도를 취할 수 있는' 자유뿐이다. 과거 스토아 학파는 물론 현대의 실존주의자들도 인정하고 있는 이 기본적인 자유가 프랭클 박사의 이야기에서는 아주 생생한 의미를 갖는다. 수용소에 갇힌 사람들은 그저 평범한 보통 사람일 뿐이다. 하지만 그 중에 적어도 자신의 시련을 가치 있는 것으로 만듦으로써 외형적인 운명을 초월하는 인간의 능력을 보여준 사람들도 있었다.

《죽음의 수용소에서》

"

"나를 보렴.

나는 지금 고치를 만들고 있단다.

내가 마치 숨어 버리는 듯이 보이지만,

고치는 결코 도피처가 아니야.

고치는 변화가 일어나는 동안

66
잠시 들어가 머무는 집이란다.
고치는 중요한 단계란다.

일단 고치 속에 들어가면
다시는 애벌레 생활로
돌아갈 수 없으니까.

변화가 일어나는 동안,
고치 밖에서는 아무 일도 없는 것처럼
보일지 모르지만,

나비는
이미 만들어지고 있는 것이란다.
다만 시간이 걸릴 뿐이야!

너는 아름다운 나비가 될 수 있어.
우리 모두가 너를 위해
기다리고 있는 거란다!"

《 꽃들에게 희망을 》 　　　　　　　　　　　　　　　　　99

글쓰기

내 삶의 목적

 묘비명에 어떤 사람으로 기억되면 좋을까 혹은 내 삶에 중요한 원칙, 가치에 관한 글을 써보세요.

_____

_____

_____

_____

_____

_____

_____

_____

_____

_____

_____

https://bit.ly/3zHXyq4

메모

3화

내가 원하는 삶

제3화
내가 원하는 삶 ─────────────────────── ✳

우리 생에 돈과 시간의 제약이 없는 날이 과연 올까요? 설사 현실에서 이루어지지 않는다 해도 상상만으로 즐겁습니다. 구체적으로 글로 써보면 내가 진정으로 하고 싶은 게 무엇인지 알 수 있어요. 글쓰기가 어렵다면 버킷리스트를 작성해도 좋아요. 시각적인 비전 보드를 만들어보는 건 어떨까요?

여기서 중요한 점은 제약이 없다는 전제입니다. 진심으로 하고 싶은 것이 있지만, 핑계를 대기 마련이죠. 지금은 시간이 없어서, 돈이 부족해서, 나이가 많아서, 실력이 없어서... 실제 자원에 제약이 없다고 생각하고 써보세요. 이 글감은 모두를 행복하게 만듭니다. 행복하게 가정을 꾸리며 건강하게 사는 삶, 인간이 기본적으로 꿈꾸는 모두의 바람이죠. 돈과 시간의 제약이 없더라도 우리가 꼭 지키고 싶은 미래의 모습입니다. 이상하게도, 안정적인 삶을 원하면서도 우리는 떠나길 원해요. 여행하는 인간이어서 그럴까요?

많은 것을 누리겠다고 버킷리스트도 작성해보지만, 때로는 무소유가 위안을 줍니다. 껑충 뛰어버린 아파트 가격. 10년 전에 왜 사지 않았느냐고 비난받지만 언제든 떠날 수 있어 마음 편합니다. 매년 세금과 관리에 애먹던 자동차. 팔아버리고 나니 주차와 관리를 고민하지 않아도 되어 마음 편해요. 아등바등 살아보지만, 실직하고 생활비도 못 벌까 봐 노후가 두렵습니다. 텃밭에 상추를 심어 자급자족하고 살면 된다고 애써서 달래봅니다. 텃밭이 없다면 작은 화분에 심어도 되지 않을까요? 욕심만 버리면 작은 것에서도 행복을 찾으며 즐겁게 살 수 있습니다. 문제는 욕심이죠.

자급자족에 관심이 있다면 자기 손으로 무언가를 더 많이 만들어갈수록 삶의 진정한 주인이 된다고 주장하는 교육자이자 노동자인 윌리엄 코퍼스웨이트의 《핸드메이드 라이프》를 읽어보세요. 노동도 필요하지만 휴식도 중요한 조화로운 삶을 꾸려나간 헬렌 니어링과 스코트 니어링 부부의 《조화로운 삶》도 엿볼까요? 이들은 욕심부리지 않고, 땀 흘려 일하고, 자급자족하면서, 여유롭고, 나눠주는 삶을 누렸습니다.

자유로운 삶을 꿈꾼다면 니코스 카잔차키스의 《그리스인 조르바》를 빼놓을 수 없어요. 우리는 놓치면 안 될 것 같은 불안감에 늘 전전긍긍하며 살면서도 내면에서는 자유를 꿈꿉니다. 자유란 무엇인가요? 가진 것을 다 내려놓고 모든 것을 잃으면 자유를 느낄 수 있을까요? 조르바가 말한 것처럼 아무리 바람이 오두막을 덮치려 해도 문을 열어주지 않으면 바람은 들어오지 못합니다. 아무리 주변 환경이 우리에게 불리하고 우리를 좌절시킨다고 해도 내면의 자유를 얻는다면 해방감을 맛볼 수 있어요.

무언가를 꿈꾸기엔 너무 늦었다는 생각이 든다면 애나 메리 로버트슨 모지스 할머니의 《인생에서 너무 늦은 때란 없습니다》를 읽어보세요. 간절히 원하는 게 있다면 지금 시작하면 됩니다. 모지스 할머니는

76세에 그림을 시작해서 80세에 개인전을 열고 100세에 세계적인 화가가 되었어요. 고인이 되었지만, 30년째 〈전국노래자랑〉을 진행한 송해 선생님은 63세에 처음 프로그램을 시작했어요. 과연 늦은 때란 있는 걸까요?

막상 글을 써보고 들여다보면 돈과 시간의 문제는 아닙니다. 어쩌면 당장 시작할 수도 있을 것 같아요. 왜 주저할까요? 왜 꿈만 꾸는 걸까요? 마음가짐의 문제입니다. 바로 할 수 있는 것도 있어요. 다만 우리가 착각할 뿐입니다. 못할 것이라고, 지레 겁먹고, 두려워하고, 걱정부터 합니다. 언젠가는 해야지 하고 미루면서 절대 시작하지 않죠. 스스로 질문해보세요.

무슨 제약 때문에 지금 당장 내가 원하는 삶을 실천하지 못하고 있나요?

내가 원하는 삶에 다가가기 위한 작은 시작점은 무엇일까요?

버킷리스트

예시

버킷리스트 1: 출간 기념회

버킷리스트 2: 은퇴 전 매년 여행과 은퇴 후 일 년 동안 현지인처럼 살기

버킷리스트 3: 4년제 대학생이 되어 캠퍼스 누비기

버킷리스트 4: 피터 드러커처럼 죽을 때까지 배우고 일하기

버킷리스트 5: 은퇴 후 대학교수 혹은 산업 강사 되기

버킷리스트 6: 은퇴 후 KOICA 자원봉사 참여하기 (ODA 활동)

버킷리스트 7: 일과삶 북카페 오픈

버킷리스트 8: 일과삶 커뮤니티센터 오픈

꼭 이룬다는 목표가 없어도 괜찮아요. 평소 하고 싶던 것을 편안하게 적어보아요. 자원에 제약이 없다고 생각하고 써보세요.

버킷리스트 1: _____

_____

버킷리스트 2: _____

_____

버킷리스트 3: _____

_____

버킷리스트 4: _____

_____

버킷리스트 5: _____

_____

버킷리스트 6: _____

_____

버킷리스트 7: _____

_____

버킷리스트 8: _____

_____

https://bit.ly/3vuNHS2

글쓰기로 꿈꾸는 나의 미래 _____ ✳

"자기야, 이제 우리 한국에 돌아가기 전 마지막 도시네. 시간 진짜 빠르다. 벌써 1년이라니."

"그니깐, 자기야. 한국 가서 문화센터 하다가 10년 후에 다시 올까?"

"완전 좋지."

"우리가 낸 책들이 베스트셀러에 올랐네. 흐흐."

"다 자기 덕분이지."

"공저로 내길 잘했지. 혼자 썼으면 이런 결과가 나올 수 없지. 자기야 사랑해."

"나도 사랑해."

정년퇴직하는 날 짐을 꾸렸습니다. 버킷리스트에 있던 1년 동안 12개 도시에서 현지인처럼 한 달씩 살아보기 프로젝트를 시작했어요. 빨리 시작하고 싶었는데 정년이 자꾸 늘어나서 연기할 수밖에 없었습니다. 팔순 기념으로 갈 거라 누가 생각했을까요? 그 과정에 남편도 글쓰기 세상에 합류했습니다. 대한민국 국민이라면 누구나 한 번씩은 거쳐 가는 글쓰기 모임에서 우수한 성적으로 졸업했어요. 30년 전 제 모습을 보는 것 같습니다. 그 역시 이미 25년 전에 수업을 마치고 글쓰기 강사가 되었으니 말입니다. 우리는 부부 강사 1호입니다.

이미 11개 도시를 다녀왔어요. 가장 인상적인 곳은 역시나 영국 런던입니다. 매일 박물관을 방문하며 예술 작품 속에서 살았어요. 박물관에서 만난 예술을 사랑하는 현지 친구도 제법 생겼어요. 도시별로 한 달씩 머무르며 보고, 느끼고, 경험한 것을 남편과 공저로 책을 냈습니다.《그 여자, 그 남자, 현지인으로 살기》시리즈로 각 도시의 특성과 현지인의 삶이 어떤지, 현지 친구 이야기를 제 관점과 남편의 관점으로 썼습니다. 제가 50대부터 매년 1권 이상 책을 냈으니 나온 책도 다 기억하기 어려울 정도지만, 이번 시리즈는 남편과 함께 내서 더 애착이 갑니다. 물론 제 인생 최고의 책은 다음에 나올 책입니다.

남편과 원래도 사이가 좋았지만 함께 여행하고, 글 쓰면서 더 교감하게 되었습니다. 인생에 우리 부부 같은 인연이 있을까요? 사랑하는 연인이자 영혼의 동반자로 같은 꿈을 가졌고 이루었습니다.

"글로 세상과 소통하고 사람에게 선한 영향을 미친다."

관심사가 같기에 우리는 늘 글감과 책 쓰기 주제로 대화를 나눕니다. 제가 책을 매년 내듯이 그도 매년 책을 냅니다. 나이를 먹으면 사랑이 식을 줄 알았는데 우리 사랑 나이는 아직도 20대입니다. 매일 아침 눈떠서, 잠들 때까지 사랑 표현을 수없이 합니다. 남편과 결혼하길 정말 잘했어요.

마지막 도시인 이곳 우붓에서 한 달 살다가 한국에 가면 경기도에 일과삶 문화센터를 열 겁니다. 우리 부부 인세 수입으로 이 모든 걸 충당하니 감사할 뿐입니다. 문화센터는 강의장, 도서관, 카페로 구성됩니다. 강의장은 총 10개인데 그중 "마음의 평화"는 제가 담당하는 전속 강의장이고 "얼굴의 미소"는 남편이 담당하는 전속 강의장입니다. 두 강의장을 연결하면 100명까지 수용할 수 있어요. 우리도 강의하지만, 누구나 원하면 강의를 할 수 있습니다. 강사의 꿈을 가진 새내기 강사가 꿈을 펼치는 장이 되고, 누구나 와서 무료로 강의를 들을 수 있습니다. 내 친구가 수시로 와서 들을 거라 했으니 외롭진 않을 겁니다.

도서관은 국회 도서관 수준입니다. 감히 더 좋을 거라 장담합니다. 국내에서 발행되는 신간을 모두 구비할 거니 말이죠. 불과 30년 전만해도 유명한 사람만 책을 낸다는 고정관념 때문에 저 역시 첫 책을 내기까지 시간이 오래 걸렸습니다. 하지만, 시대가 바뀌었고 다양성을 인정하니 이제 누구나 책 한 권을 내는 분위기입니다. 거창하지도 않아요. 자기가 살아온 인생 이야기를 써서 잔잔한 감동을 전합니다. 우리 부부도 주로 경험에서 나오는 삶의 성찰을 주제로 삼아요. 특히 우리 도서관만이 가지는 보물은 "일과삶" 섹션입니다. 우리 부부가 평생 읽은 책으로 구성합니다. 저만 해도 매년 50권의 책을 30년 이상 읽었으니 1,500권이 넘죠. 우리 부부가 낸 책 만도 60권입니다. 저자 사인 본이 전체 책의 50%가 넘으니 대한민국에 이런 역사적인 도서관이 또 있을까요?

전 세계 도서관이나 박물관을 구경하며 꼭 들렀던 곳이 관내 카페입니다. 분위기 탓인지 그 어떤 카페보다 도서관이나 박물관 안 카페의 음료나 음식이 맛납니다. 그래서 문화센터의 카페 인테리어와 음식에 특히 신경을 씁니다. 개인 서재에 머무는 듯한 아늑한 느낌을 주는 인테리어를 합니다. 파티쉐가 매일 빵을 굽고, 주방장이 맛깔스러운 음식을 만들어요. 어쩌면 문화센터나 도서관보다 카페가 더 유명해지지 않을까 싶어요. 이렇게 맛난 빵과 음식을 거의 무료에 가까운 금액으로 제공하니까요.

이 모든 걸 남편과 함께 구상하고 만들어서 감사합니다. 같은 꿈을 꾸는 사람과 매일 함께 사니 축복받은 인생이 아닐까요? 진짜 10년 후에 다시 1년 동안 여행할 겁니다. 올해 다녀간 도시가 10년 후에는 어떻게 바뀔지 궁금합니다. 현지 친구도 어떤 모습으로 성장할지 기대됩니다. 일과삶 문화센터는 딱 10년만 운영하고 사회에 환원할 겁니다.

1년 여행을 마치고 돌아와 남은 9년은 자급자족하며 살려고요. 91년 동안 열심히 살았으니, 나머지 9년은 《조화로운 삶》의 니어링 부부처럼 자연과 함께 욕심 없이 살다 흙으로 돌아가야지요.

"자기야, 우리 이렇게 멋진 인생 끝까지 함께 재미있게 살자. 사랑해 울 자기"

"응 사랑해, 자기야. 나도 자기와 늘 함께해서 너무 감사해."

인생 버킷리스트 ———————————————— ※

　죽기 전에 꼭 해야 할 일이나 하고 싶은 일을 정리한 목록을 버킷리스트라 부릅니다. 죄수를 사형할 때 목을 맨 상태에서 교도관들이 양동이 (bucket)을 치워 버리는데, 이때 교도관이 몸소 죄수의 소원을 들어주었다는 것에서 유래했어요. 마인드맵으로 미래 모습을 상상하며 구체적인 버킷리스트를 정리했습니다. 소중한 버킷리스트 여덟 가지는 다음과 같아요.

　버킷리스트 1: 출간 기념회
　버킷리스트 2: 은퇴 전 매년 여행과 은퇴 후 일 년 동안 현지인처럼 살기
　버킷리스트 3: 4년제 대학생이 되어 캠퍼스 누비기
　버킷리스트 4: 피터 드러커처럼 죽을 때까지 배우고 일하기
　버킷리스트 5: 은퇴 후 대학교수 혹은 산업 강사 되기
　버킷리스트 6: 은퇴 후 KOICA 자원봉사 참여하기 (ODA 활동)
　버킷리스트 7: 일과삶 북카페 오픈
　버킷리스트 8: 일과삶 커뮤니티센터 오픈

첫째, 출간 기념회

출간 기념회는 인생의 꿈이었습니다. 죽기 전까지 제 이름으로 된 책을 적어도 한 권 내고 싶었어요. 노력해서 정 안되면 자가 출판이라도 하려고 했어요. 운이 좋아 명예스럽게 은퇴한 버킷리스트 1호입니다.

둘째, 은퇴 전 매년 여행과 은퇴 후 일 년 동안 현지인처럼 살기

예전에는 돈이나 시간이 없어서 여행을 못 간다고 생각했어요. 하지만 꼭 돈과 시간의 문제는 아니었어요. 마음의 여유가 필요했어요. 가족이나 친구와 함께 은퇴 전에는 매년 여행을 가고 싶습니다. 코로나 때문에 자유롭지는 않지만 국내든 해외든 마음의 여유가 있다면 당일치기라도 다녀올 수 있어요. 은퇴하고 나면 꼭 일 년 동안 일 개월씩 한 도시에서 현지인처럼 살고 싶습니다. 카우치서핑(couchsurfing)을 활용해서 현지에서 친구도 사귀고 글도 쓸 것입니다.

셋째, 4년제 대학생이 되어 캠퍼스 누비기

돌이켜보면 대학교 때 저는 범생이처럼 공부만 했습니다. 직장인의 신분으로 마친 석, 박사 과정도 그 누구보다 적극적으로 학습했어요. 논문을 쓰는 것보다 대학원 수업에 참여하며 이론을 학습하고, 토론하며 다양한 의견을 주고받고, 깨달음을 얻는 과정이 즐거웠습니다. 아직도 지적 호기심이 남아 대학 시절이 그립습니다. 꿈에서도 가끔 대학으로 돌아가 캠퍼스를 누비고, 강의실에서 수업을 들어요. 캠퍼스 도서관 앞 파릇파릇한 잔디밭에 누워서 책도 읽고, 친구와 대화도 나누고 싶습니다. 문과 적성이지만 이과를 전공한 사람으로서 문예 창작, 심리학 공부도 하고 싶어요. 아니면 예대로 가서 디자인, 미술, 건축학, 음악도 배우고 싶습니다. 어떤 전공을 하고 싶다고 정하진 않았지만 언젠가 학생 신분으로 캠퍼스를 다시 누비는 게 꿈입니다. 혹시 누가 알겠어요? 미술을 전공해서 그림을 직접 그린 작가가 될지요?

넷째, 피터 드러커처럼 죽을 때까지 배우고 일하기

《프로페셔널의 조건》을 읽은 후부터, 피터 드러커는 제 롤모델이 되었습니다. 그는 97세의 나이에 임종을 앞두고, 셰익스피어 전집을 재독 했고 새로운 책을 기획했어요. 죽을 때까지 제가 배우고 일할 분야는 글쓰기와 코칭입니다. 계속 성장 욕구를 충족해 나갈 것입니다. 그처럼 꾸준히 책을 낼 예정인데 '바로 다음에 나올 책'을 최고로 꼽는 작가가 되고 싶어요. 배우고 익히는 과정 자체가 제 삶이 되길 원합니다.

다섯째, 은퇴 후 대학교수 혹은 산업 강사 되기

이년 정도 외래 교수 신분으로 강의했습니다. 그때만큼 행복했던 적이 있을까요? 강의를 준비하는 설렘과 전달하는 즐거움을 누렸죠. 과목을 맡으면 기존에 알던 내용보다 더 많이 알게 됩니다. 전체적인 시각으로 해당 과목을 이해해야 하고, 준비과정에서 교재를 두세 번 읽다 보면 새로운 사실을 발견하기도 합니다. 새로운 정보를 검색하고, 트렌드도 알아야 하기에 학습하지 않을 수 없어요. 준비한 내용을 전달하는 과정에서 더 효과적인 방법을 찾아내기도 합니다. 예상했던 것과 다르게 진행되면 그 또한 학습의 기회가 됩니다. 은퇴 후 대학교수로 강단에 서거나 혹은 제가 발행한 책으로 저자 특강을 하는 날이 오기를 바랍니다.

여섯째, 은퇴 후 KOICA 자원봉사 참여하기 (ODA 활동)

우연히 공적 개발 원조 (ODA, Official Development Assistance) 사업을 하는 한국국제협력단 (KOICA, Korea International Cooperation Agency)를 알게 되었습니다. 제가 가진 재능과 경험이 한국에서뿐 아니라 해외에서도 도움이 된다면 기꺼이 손을 내밀고 싶어요. 어떤 분야가 될지는 모르겠지만 제가 일하는 분야에서 전문성을 쌓으면 어디서든 도움이 될 것이라 믿습니다.

일곱째, 일과삶 북카페 오픈

다른 것에 욕심을 내지 않지만, 책 구매는 저에게 유일한 사치입니다. 손에 책이 들어오면 나가는 일이 없어요. 지금까지 구매하고 읽은 책을 보관하고 있습니다. 저자 사인본도 제법 있어요. 언젠가 북카페를 내어 구매하여 읽은 책을 진열하고 싶어요. 누구라도 와서 진한 커피 향에 빠져 밑줄이 그어진 손때 묻은 책을 읽기 바랍니다. 북카페를 위해서 바리스타 자격증을 취득하거나 아르바이트도 하고 싶어요. 직접 내린 커피를 마시며 잔잔한 음악과 함께 책을 읽고 싶어요. 책을 사랑하는 사람과 진지한 대화도 나누면 좋겠어요.

여덟째, 일과삶 커뮤니티 센터 오픈

저의 궁극적인 목표입니다. 누구나 와서 강의하고, 누구나 와서 무료로 강의를 들을 수 있는 학습의 장을 만들고 싶어요. 365일 다양한 강좌가 열리고, 원하는 과목을 수강할 수 있고, 학습을 즐기는 사람과 친구가 될 수 있는 커뮤니티 센터를 열고 싶어요. 사람들에게 공공연하게 떠들고 다녔는데 과연 이 버킷리스트 8호를 이룰 수 있을까요? 그런 날이 온다면, 적어도 멋진 인생을 살았다고 말할 수 있을 것입니다.

공공연히 떠들고 다니는 버킷리스트 여덟 가지, 공표만 한다고 이루어지지 않습니다. 이 모든 것을 이루기 위해 저는 현재 어떤 노력을 하고 있을까요? 버킷리스트 2호 여행을 제외하고 저의 일상은 글쓰기, 학습, 그리고 강의로 가득합니다. 현시점에서 제가 즐기는 삶이기도 해요. 즐기며 노력하다 보면 그 방향으로 가지 않을까요? 2005년 스티브 잡스가 스탠퍼드 대학교 졸업생에게 말한 축사는 세 가지로 요약됩니다. "Stay hungry, stay foolish, and connect the dots." 그렇습니다. 저 역시 여전히 하고 싶은 게 많고, 여전히 바보 같으며, 여전히 점을 연결해 나가는 중입니다.

"

　조숙한 소년은 병이 든 지금에야 비현실적인 두 번째 유년기를 겪고 있었다. 유년기를 도둑맞은 그의 마음은 막혔던 둑이 터지듯 밀려오는 그리움을 주체할 수 없었다. 그래서 어렴풋이 기억나는 아름다웠던 그 시절로 도망친 것이다. 그는 마치 마법에 걸린 것처럼 추억의 숲속을 헤매고 다녔다. 추억이 강렬하고 뚜렷하다는 것은 어쩌면 병증일 수도 있었다. 그는 예전에 실제로 그 일을 겪을 때와 거의 똑같은 온기와 열정으로 모든 것을 경험했다. 그의 내면에서 기만당하고 억압당했던 어린 시절이 마치 오랫동안 막아 놓았던 봇물이 터지듯 용솟음쳐 올랐다.

《 수레바퀴 아래서 》 "

"

　다른 삶을 사는 우리가 지금의 나보다 더 나을지 나쁠지는 알 수 없다. 우리가 살지 못한 삶들이 진행되고 있는 건 사실이지만, 우리의 삶도 진행되고 있으며 우리는 거기에 초점을 맞춰야 한다.

《 미드나잇 라이브러리 》 "

> "어쨌거나 나는 넓은 호밀밭 같은 데서 조그만 꼬마들이 어떤 놀이를 하는 모습을 줄곧 머릿속에 그려보고 있었거든. 몇 천 명이나 되는 애들이 놀고 있는데 주위엔 사람이 아무도 없어....… 내 말은 어른이 한 사람도 없다는 거지....... 나를 빼놓고는 말이야. 그런데 나는 아주 가파른 벼랑 끝 옆에 서 있는 거야. 그러다가 누구든지 벼랑 너머로 떨어지려고 하면 그 애를 붙잡아 주는 거지."
>
> 《 호밀밭의 파수꾼 》

글쓰기

내가 원하는 삶

　자원 (돈, 시간 등)의 제약이 없다면 하고 싶은 것은 무엇인지 상상하여 씁니다. 소설의 형식도 가능합니다. 혹은 버킷리스트를 작성하고 그 이유를 써봅니다.

https://bit.ly/3Q1FcFC

메모

4화

나의 장점 / 강점 / 재능

나의 장점/강점/재능 ꠸

그 누구도 완전할 수 없습니다. 누구나 장점도 있고 단점도 있어요. 이번에는 장점에 집중해 볼까요? 사전적인 의미로 장점은 '좋거나 잘하거나 긍정적인 점'입니다. 강점은 '남보다 우세하거나 더 뛰어난 점'이고 재능은 '어떤 일을 하는 데 필요한 재주와 능력으로 개인이 타고난 능력과 훈련에 의하여 획득된 능력'을 아울러 이릅니다. 장점, 강점, 재능 등 여러분이 가지고 있는 모든 좋은 점에 집중해보세요.

장점을 글로 써보라고 하면 다들 어려움을 느낍니다. 자신을 잘 모르기도 하고, 장점을 글로 적는 게 부끄럽다고 여기기도 합니다. 그야말로 자기 자랑질에 익숙하지 않아요. 자연스럽게 접근하는 방법이 진단입니다. MBTI 성격유형 검사를 해보세요.

MBTI 결과는 크게 4가지 기준으로 보며 각각의 조합으로 16가지 유형으로 나뉩니다. 진단 결과도 참고하지만 스스로 본인의 성향을 고려하여 유형을 결정하는 게 좋아요. 진단 결과에 전적으로 의존할 필요는 없습니다. 사람을 어떻게 틀로 정해두고 구분할 수 있겠어요? 구분 점을 이해하고, 좌표를 찍어 자신을 이해하는 척도로만 활용하세요. 자신과 타인을 이해하는 데 도움이 된답니다. 시간이 지나도 변하지 않고, 포기할 수 없는 성향이 있기 때문이죠.

MBTI 결과의 4가지 기준은 다음과 같아요.

- 에너지 방향: I 내향적 (혼자 있을 때 에너지를 충전) E 외향적 (다른 사람과 함께 있을 때 에너지를 충전)
- 인식의 기능: S 사실 (사실 그 자체로 인식, 현재지향) N 이면 (이면이나 의미를 추구, 미래지향)
- 판단의 기능: T 일 (사고, 일 중심. 객관적) F 사람 (감정, 사람 중심, 주관적)
- 행동양식: J 계획 (철저하게 계획하고 준비) P 융통성 (준비 없이 즉흥적으로 행동)

강점을 진단으로 확인하고 싶다면《위대한 나의 발견 강점혁명》을 사용해 보세요. 갤럽은 40년 동안 1,000만 명의 사람들을 대상으로 인터뷰한 결과, 34가지 유형으로 인간의 강점을 구분했습니다. 스트렝스 파인더 2.0 (strengths finder 2.0)은 이 연구에 기초해 타고난 강점 다섯 가지를 찾아줘요. 책을 구매하면 1회 진단권을 받으므로 무료 진단이 가능합니다. 다섯 가지 강점의 설명을 살펴보면서 여러분의 강점이 맞는지 곰곰이 생각해보세요.

재능을 이야기할 때 하워드 가드너의 다중 지능을 빼놓을 수 없어요. 다중 지능은 1983년에 가드너가 IQ (Intelligence Quotient, 지능 지수) 및 EQ (Emotional Quotient, 감성 지수)와 같은 단일 지능을 비판하면서 나왔어요. 그는 인간의 지능이 하나의 지능이 아닌 여러 개가 상호 협력한다고 봤습니다. 개인이 재능을 발현할 때 각각의 지능을 조합하여 사용한다는 의미입니다. 가드너가 제시한 다중 지능은 다음의 여덟 가지입니다.

- 언어 지능 (Linguistic Intelligence)
- 음악 지능 (Musical Intelligence)
- 논리-수학 지능 (Logical-Mathematical Intelligence)
- 공간 지능 (Spatial Intelligence)
- 신체-운동 지능 (Bodily-Kinesthetic Intelligence)
- 대인관계 지능 (Interpersonal Intelligence)
- 자기 이해 지능 (Intrapersonal Intelligence)
- 자연탐구 지능 (Naturalist Intelligence)

여러분은 어떤 지능을 많이 활용하세요? 여러분이 잘하면서도 좋아하는 것은 무엇인가요? 때로는 좋아하기 때문에 더 잘하기도 합니다. 선천적으로 어느 정도 재능을 타고났고, 그걸 좋아하다 보니 더 계발하고 지속하는 게 재능입니다. 그런 건 없다고 의기소침하지 마세요. 작은 것도 재능이랍니다. 여러분만이 할 수 있는 뭔가가 분명히 있어요. 그릿은 IQ, 재능, 환경을 뛰어넘는 열정적 끈기의 힘으로 투지, 끈기, 불굴의 의지를 모두 아우릅니다. 《그릿》에서는 '성공은 타고난 재능보다 열정과 끈기에 달려 있다.'는 사실을 알려줍니다. 타고난 재능이 없어서 고민한다면 재능보다 끝까지 하겠다는 집념 (그릿)이 더 중요하다는 사실을 기억하세요. 그릿 또한 재능이 될 수 있어요.

자기 이해 지능이 특히 중요해요. 자기 분야에서 뛰어난 업적을 남기는 사람은 각각 전문 분야와 관련된 지능과 함께 자기 이해 지능이 높다는 연구 결과가 있습니다. 무엇을 잘하는지, 좋아하는지 등 자신을 알아야, 가지고 있는 재능을 제대로 발현할 수 있거든요. 모든 영역은 자신을 제대로 아는 것에서 시작합니다.

장점, 강점, 재능을 진단과 고민으로 키워드를 뽑았으니 이제 글을 쓸 차례입니다. 키워드를 고민하면서 누구에게라도 당당하게 소개할 수 있는 자기 모습을 상상해 보세요. 기죽지 않는 여러분의 모습을 발견하고 글을 써보세요. 언제 그런 모습을 발견했나요? 어떤 상황이었나요? 무엇을 느꼈나요? 그런 모습을 더욱 성장시키기 위해 오늘 여러분은 무엇을 하고 있나요?

자신에 대해 잘 안다고 막연하게 생각하지만, 글로 정리하면 느낌이 달라요. 여러분이 무엇을 좋아하는지, 무엇을 잘하는지 글로 기록하고 다른 사람들의 의견을 들어보세요. 글이라는 시각적인 측면뿐 아니라, 사람들의 피드백이라는 청각, 글을 쓰는 순간의 촉각이 버무려져 잊지 못할 기억으로 남습니다. 두고두고 여러분에게 힘이 될 추억으로 남을 것입니다.

글쓰기 메모

기죽지 않는 나의 모습

기죽지 않는 여러분의 모습을 상상해 보세요.

언제 그런 모습을 발견했나요?

배드민턴을 배우다가 전국대회에 나간 경험이 있습니다.

어떤 상황이었나요?

새벽부터 시합장에 갔는데 한참 기다려 오후 3시에야 시합을 할 수 있었습니다. 복식시합이었는데 32:0으로 졌습니다.

무엇을 느꼈나요?

너무 억울해서 그다음 날 파트너와 함께 코치님을 찾아가서 3달 동안 연습했습니다. 다음 해에 시합한 결과 저희 팀이 우승했습니다. 이를 통해 저는 열심히 노력하면 원하는 결과를 얻을 수 있다는 자신감을 얻었습니다.

그런 모습을 더욱 성장시키기 위해 오늘 여러분은 무엇을 하고 있나요?

제가 한 번 목표를 세우면 이루고야 마는 성격이라는 걸 알게 되어서 자신감 있게 도전합니다.

기죽지 않는 여러분의 모습을 상상해 보세요.
언제 그런 모습을 발견했나요?

_____

_____

_____

어떤 상황이었나요?

_____

_____

_____

무엇을 느꼈나요?

_____

_____

_____

그런 모습을 더욱 성장시키기 위해 오늘 여러분은 무엇을 하고 있나요?

_____

_____

_____

_____

https://bit.ly/3CHYbBF

성실이라는 재능 ──────────────────────── ✳

　생애 첫 글쓰기 수업을 진행했는데요. 수업을 준비한 과정과 느낀점은 별도의 글로 정리할 예정입니다만, 우선 글쓰기 수업을 하게 된 이유에 집중해 보려 해요. 30주 동안 온라인 글쓰기 수업에 참여하면서 강의 기회를 가지게 되었는데요. 비슷한 수준의 사람이 있는데 그 중에 왜 제가 선택되었는지 궁금했습니다. 사실 제가 그렇게 글쓰기에 재능이 있지는 않거든요. 그래서 스승님께 다시 여쭈었습니다.

　"왜 하고많은 학생 중에 저에게 글쓰기 수업을 맡으라고 했나요?"

　"아무래도 과제도 제일 먼저 내고, 항상 성실하게 수업에 임했으니 적임자죠."

　그렇습니다. 10주 과정을 3번 참석하면서 마감을 넘어 과제를 제출하거나 결석한 적이 한 번도 없었거든요. 아마 저밖에 없을 것입니다. 참여도 100%, 과제 제출 100%, 그리고 늘 과제 제출 순위 1위였으니까요. 제 성격 때문에 이긴 한데 결과론적으로는 그랬어요. 재능이 아니라 성실 때문이었다니 조금 실망스러웠으나 그래도 성실하길 다행이다 싶었어요. 그나마 성실하지 않았으면 얻지 못할 기회니까요.

　불현듯 인생을 살면서 성실한 득을 크게 봤다는 생각이 들었어요. 예전에 영어를 아주 완벽하게 구사하지 않았는데 전화 영어 강사로 1

년 일했습니다. 그것도 업계 1위 전화 영어 회사였어요. 학생으로 참여하다 선생님으로 발탁되었는데, 이번 글쓰기 강사가 된 경로와 동일합니다. 전화 영어 강사 제안을 받았을 때 놀랐어요.

"제 영어 실력이 강사를 할 만큼은 아닌데 왜 선생님 자리를 제안하셨나요?"

"전화 영어 수업에 가장 중요한 역량은 영어 실력보다는 결강하지 않고 제시간에 학생에게 전화하는 것입니다. 한 번도 수업에 빠지지 않았고, 항상 수업을 준비하고 임하셨으니 강사로서 충분한 자질이 있습니다."

신기하죠? 뭔가 실력이 우선되어야 할 것 같은데, 실력보다 성실을 더 인정해주는 느낌이었습니다. 전 이런 기회를 얻어걸렸다고 생각해요. 다른 사람은 꾸준히 무언가를 하는 게 어렵다고 하지만, 성실과 꾸준함은 들이는 노력에 비해 상대적으로 크게 인정받고, 그 결과도 좋아요. 비결 아닌 비결이라면 다른 사람들보다 한 스텝 먼저 나가는 게 아닐까 싶어요. 과제가 있으면 미리 준비해서 제출하면 되고, 다른 약속보다 수업을 더 소중하게 생각해서 수업에 우선순위를 두면 되는 일입니다. 그런 사소한 준비과정이 다른 사람에게는 성실하게 보이는 것 같아요.

보통 재능은 타고난다고 생각하죠. 음악이나 미술처럼 예술가적 감각이 있어야 그 분야의 전문가가 된다고 생각합니다. 동의합니다. 탁월하려면 재능이 필요합니다. 아무리 노력해도 타고난 재능을 뛰어넘기는 쉽지 않겠죠. 저는 성실도 재능이 될 수 있다고 생각해요. 우리가 생각하는 재능이 선천적이라면 성실은 후천적으로 계발 가능한 재능이죠. 탁월한 상위 1%는 되지 못하더라도 본인이 즐기는 수준까지 가도록 도와주는 재능입니다. 내가 특별히 잘하는 게 없어서, 선천적인 재능이 없어서 아무것도 할 수 없다면 성실이라는 후천적인 재능을 키워보면 어떨까요?

영어와 글쓰기는 관련이 없는 듯하면서 서로 연결됩니다. 꾸준하게 연습하지 않으면 실력이 늘지 않아요. 포기하면 현상 유지는커녕 더 실력이 떨어집니다. 졸꾸정신으로 할 수밖에 없어요. 하지만 즐기지 않으면 지속하기 힘듭니다. 어쩌면 제가 영어 공부를 열심히 하는 훈련이 되어 글쓰기도 꾸준히 하는 게 아닐까요?

만일 선천적인 재능으로 승부한다면 전 실력 부족으로 둘 다 탈락입니다. 그래서 더욱 감사합니다. 제가 선생님 역할을 사랑하는 이유는 다른 사람을 가르칠 때 더 성장하기 때문입니다. 영어를 더 잘하고 싶어서 전화 영어 강사를 했고, 글을 더 잘 쓰고 싶어서 글쓰기 강사가 되었어요. 선천적인 재능은 부족하지만 성실과 꾸준함이라는 후천적인 재능으로 얻어걸린 행운에 감사할 따름입니다. 여러분은 어떤 재능을 가지고 계신가요? 저처럼 자기만의 재능을 만들어보면 어떨까요?

스트렝스 파인더 2.0으로 바라본 나 ─────────── ✳

  누군가 《위대한 나의 발견 강점혁명》을 읽고 당황스러웠단 이야기를 들었습니다. 스토리가 있는 에세이나 자기계발서를 기대했나 봅니다. 갤럽은 40년 동안 1,000만 명의 사람들을 대상으로 인터뷰를 한 결과, 34가지 유형으로 인간의 강점을 구분했습니다. 스트렝스 파인더 2.0 (StrengthsFinder 2.0, 클리프턴 스트렝스)은 이 연구에 기초해서 타고난 개인의 강점 다섯 가지를 찾아주는 진단도구입니다. 책을 구매하면 1회 진단권을 받으므로 무료 진단을 할 수 있어요. 진단 결과를 신봉하기보다는 다섯 가지 강점의 설명을 살펴보면서 자신의 강점이 맞는지 검토하는 게 더 중요합니다. 책은 34가지 강점을 설명하므로 참고서처럼 활용하면 됩니다.

  저는 《위대한 나의 발견 강점혁명》 개정판이 나오기 전 스트렝스 파인더로 진단했는데, 매우 정확한 결과가 나왔다고 생각합니다. 학습자 (learner, 배움), 성취자 (achiever, 성취), 책임 (responsibility), 질서 (discipline, 체계), 매력 (woo, 사교성)의 다섯 가지이고 괄호 안의 용어는 개정판에서 사용한 용어입니다.

학습자 (learner, 배움)

학교 다닐 때는 그저 부모님과 선생님의 칭찬에 목말라 범생이로 살았는데요. 진정한 학습의 즐거움을 대학생이 되어 찾기 시작했습니다. 성큼성큼 올라가는 영어 실력에 흥미를 느껴, 6권의 영어책을 30여 개의 테이프와 함께 두 번 완독했어요. 직장인이 되며 코딩을 배웠는데 이 또한 신기해서 전공자만큼의 실력을 쌓았고요. 도서관 책 도장 깨기와 같은 무모한 독서도 했지요. 배우는 게 좋아 직무를 교육담당으로 바꾸고 교육학 박사학위까지 받았어요. 글을 쓰며 제 삶의 모든 원동력이 학습이라는 걸 알게 되었어요. 책을 읽거나, 글 쓰는 것, 일을 하는 것도, 그리고 사람을 만나는 행위도 모두 기승전 학습 때문이었습니다. 재수 없다고 들리겠지만 학습이 정말 좋아요.

성취자 (achiever, 성취)

MBTI에서 T 성향이 강했던 저는 저도 모르게 사람들을 강하게 드라이브했습니다. 학창 시절 학습성취가 강했기에 일에서도 성취욕이 있습니다. 아마도 남에게 인정받고 싶은 욕구 때문 같아요. 인정의 욕구도 크지만 비난을 피하고 싶은 욕구가 더 큽니다. 실수에 대한 두려움이 무척 컸어요. 뭐든 완벽하게 해내야 한다는 강박감이 컸습니다. 저 혼자만 그러면 되는데 다른 사람까지 몰아붙이니 문제가 되었어요. 아이들에게도 그랬고요. 이런 강박을 풀려고 노력해서 현재는 F로 바뀌었습니다만 성취욕구는 여전하겠죠?

책임 (responsibility)

성취와 책임이 한 세트가 아닐까 싶습니다. 실수와 비난에 대한 두려움은 책임감으로도 연결되니까요. 부모님의 영향도 큽니다. 최선과 책임을 입에 달고 사셨어요. 늘 자녀에게 "최선을 다해라. 책임을 다해라. 잘해라."고 강조하셨죠. 저에게 맡기면 책임감 있게 결과물을 내기에 다른 사람의 신뢰를 얻는 것 같아요. 대부분의 모임에서 회장이나 총무 역할을 하는 게 이 책임의 강점 때문입니다. 책임이 성취라는 결과를 가져오는 것 같아요.

질서 (discipline, 체계)

전 체계적인 걸 무척 좋아합니다. MBTI의 J 성향이 매우 높아요. 체계를 좋아하니 창의력이나 미래 지향성이 조금 떨어지긴 합니다만, 체계를 추구하기 위한 아이디어는 잘 냅니다. 엑셀 마니아인 이유도 이 체계 때문입니다. 일기를 꾸준하게 쓴 것도, 독서 메모, 독서 목록 정리 등 각종 기록을 엑셀과 노션에 하는 이유도 질서를 사랑하기 때문입니다. 코딩을 빠르게 배운 거나 혹은 논리적인 글쓰기가 가능한 것도 체계의 강점에 덕분입니다. MBTI의 다른 성향은 시간에 따라 바뀌었지만 J 성향은 늘 그 자리에, 극단에 있어요.

매력 (woo, 사교성)

woo라는 단어는 이 책으로 처음 알게 되었어요. MBTI의 E 성향 때문이겠죠? 남에게 인정받고 싶은 욕구가 매력으로 드러난 게 아닌가 싶습니다. 과거에는 소심해서 말도 못 했는데 신기하게도 성격이 바뀌어 처음 보는 사람에게도 편하게 다가갑니다. 오랜 직장생활로 사회화되었거나 혹은 원래 사교적인 성향이 있었는데 몰랐을 수도 있겠죠.

  약점을 보완하기보다는 강점에 집중하라고들 말하는데요. 저는 책임감으로 참여자들이 원하는 바를 얻도록 체계적인 관리와 매력적인 학습경험을 제공합니다. 그게 제 강점입니다. 여러분의 강점은 무엇인가요?

> 타고난 기질과 적성이라는 출발점은 각기 다를지라도 저마다의 인생은 경험, 훈련과 개인적 노력에 의해 완성되는 겁니다.
>
> 《 마인드셋 》

> 점차적으로 작은 변화들을 하나씩 차곡차곡 쌓아 올리면 인생의 저울이 움직이기 시작한다. 각각의 성공들은 저울의 긍정적인 접시에 모래알 하나를 더하는 것과 같지만, 서서히 우리에게 좋은 방향으로 기울기 시작한다. 그리고 그 일을 계속해나가다 마침내 티핑포인트를 맞이한다. 갑자기 좋은 습관을 꾸준히 하는 게 쉽게 느껴지는 것이다. 시스템의 무게가 우리를 압박하는 게 아니라 우리를 위해 움직이기 시작한다.
>
> 《 아주 작은 습관의 힘 》

"

    그는 영국이나 프랑스에서는 둥근 구멍에 모난 못이나 마찬가지였다. 하지만 이 곳에는 별의별 구멍이 다 있어, 제 구멍을 찾지 못하는 못은 없었다. 여기서라고 해서 그가 더 점잖아졌다거나, 이기적인 성격과 무지막지한 성질이 더 줄었다고는 생각지 않는다. 다만 환경이 그에게 유리해졌을 뿐이다. 이런 환경에서만 살았더라면 그도 다른 사람보다 더 고약한 사람으로 보이지 않았을 것이다. 이곳에 와서야 그는 고향 사람들에게서는 기대도 하지 않고 바라지도 않았던 것, 곧 동정을 얻었다.

《 달과 6펜스 》

"

글쓰기

나의 장점/감정/재능

내가 잘하는 것 한 가지를 떠올려 써봅니다.

5화

나의 단점

나의 단점 ───────────────────── ✳

　예전에는 단점을 어떻게든 극복하고, 장점 수준으로 끌어올려 상향 평준화시키는 게 일반적이었어요. 이제는 세상이 바뀌어 단점은 보완하면서 장점에 집중하라고 말합니다. 글쓰기도 마찬가지입니다. 저는 세세한 묘사와 감성적인 글에 약하고, 경험에 기초한 이성적인 글에 강해요. 그래서 감성적인 글쓰기 연습보다는 경험을 활용하여 사유와 성찰을 제시하는 글을 쓰려고 노력합니다.

　정확한 발음과 뛰어난 전달력으로 완벽하게 발표하는 동료가 있었어요. 타고난 장점과 재능 덕분이라고 생각했는데 전혀 그렇지 않았어요. '제대로 발표하지 못하면 어떡하지?'라는 불안감과 무대 공포증의 단점을 극복하려고 철저하게 준비한다고 고백했거든요. 반면 저는 무대 공포증이 없다는 장점만 믿고 충분히 연습하지 않아 낭패당하기 일쑤였죠. 단점이 꼭 나쁘게 작용하는 것도 아니고 장점이 항상 좋은 결과를 가져오지도 않아요. 이 둘을 어떻게 활용하고 극복하느냐가 중요합니다. 잘하고 못하는 게 무엇인지 알아야 제대로 준비하고 활용할 수 있으니까요.

　브레네 브라운이 주장하는 것처럼 좋고 나쁨을 따지지 말고 자신을 제대로 알고, 있는 그대로 받아들일 필요가 있습니다. 못하기 때문에 주저하고 망설이기보다 불완전한 용기를 가지고 나서야 합니다. 실패하지 않고 성공한 사람은 없습니다. TED 강연 '브레네 브라운: 수치심에 귀 기울이기'와 책 《마음가면》에서 작가는 다음 두 가지를 강조합니다.

첫째, 완벽해질 필요가 없고 취약하더라도 있는 그대로 나를 인정하고 드러내라.

둘째, 잘못한 것에 대해 죄책감은 느끼되 수치심은 느끼지 마라.

저자는 TED 강연 후 인생 최악의 취약성 숙취에 시달리며 3일간 외출하지 않았습니다. 불완전하고 부족한 점이 많은 영상을 당장 지워달라고 요청하고 싶었죠. 그렇게 부끄러운 영상 (브레네 브라운: 취약점의 힘)은 4천 3백만의 사람들이 시청했고 《마음가면》이라는 책으로 탄생하여 베스트셀러가 되었습니다. 부족한 점을 받아들이세요. 좋고 나쁜 게 아니라 그냥 있는 그대로 인정하면 됩니다.

그녀가 소개한 '경기장의 전사'라는 루스벨트 전 대통령의 1910년 파리 소르본 대학 연설문이 울림을 주는데요. 단점 때문에 자신이 없어 시도조차 하지 않고 관중석에 머물기보다는, 먼지와 피땀으로 범벅이 되고 실패하더라도 경기장에서 뛰라고 말합니다. 단점으로 제 발목을 잡지 말고 경기장에 나와 장점으로 최선을 다해 뛰어야 해요.

단점 때문에 힘들고 괴롭다면 시선을 바꾸어 보면 어떨까요? 여러분의 단점을 굳이 장점으로 표현하는 글을 써보세요. 혹은 그 단점을 장점으로 발휘해본 작은 성공의 경험을 생각해내어 써보는 방법도 좋아요. 혼자만 전전긍긍했던 부끄러운 단점을 글로 객관화해서 써보니 장점의 잠재력을 가진다는 것도 알 수 있답니다.

지금 여러분은 단점을 드러내기 두려워 관중석에 앉아 있나요? 아니면 경기장에서 뛰고 있나요?

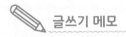 글쓰기 메모

단점을 장점으로

단점을 장점으로 바꾼 모습을 상상해 보세요.
언제 그런 모습을 발견했나요?

대학교 I학년 수업에 팀플레이로 과제를 준비하던 때였습니다.

어떤 상황이었나요?

팀 과제를 파워포인트로 작성해서 발표해야 하는데 모두가 발표를 꺼렸습니다. 사다리를 탔는데 제가 걸려서 무대공포증이 있는 제가 발표자로 선정되었습니다.

무엇을 느꼈나요?

무조건 안 된다고 생각했지만 다른 친구들에게 피해를 주지 말아야겠다는 책임감에 리허설을 I0번하고 발표했습니다. 사전 준비 덕분에 떨지 않고 발표했고 칭찬까지 받았습니다.

그런 모습을 더욱 성장시키기 위해 오늘 여러분은 무엇을 하고 있나요?

무대공포증이 단점이라 생각했는데 그 이유로 더 많은 연습을 하게 되어 철저한 준비가 되었습니다. 단점이 꼭 나쁘게 작용하는 게 아니라는 것을 알게 되었습니다. 부족해도 노력하면 완벽하게 할 수 있다는 자신감을 배워서, 이제는 발표를 먼저 하겠다고 손을 듭니다.

단점을 장점으로 바꾼 모습을 상상해 보세요.
언제 그런 모습을 발견했나요?

_____

_____

어떤 상황이었나요?

_____

_____

_____

무엇을 느꼈나요?

_____

_____

_____

그런 모습을 더욱 성장시키기 위해 오늘 여러분은 무엇을 하고
있나요?

_____

_____

_____

_____

https://bit.ly/3B9GSaB

저는 우기는 사람 ───────────────────── ✳

#1 혼자만의 상상

어느 겨울, 롱 패딩에 주머니가 약간 위쪽에 달린 게 유행이었습니다. 다들 손을 위쪽에 넣고 다니길래 참 독특하다고 생각했어요. 전그게 손을 넣기 위한 용도가 아니라 장식이거나 핸드폰 보관을 위한주머니라고 여겼거든요. 친구와 대화를 나누던 중 그 주머니 이야기가 나왔어요.

"손이 올라가니까 편하지 않아?"

"하하하, 무슨 소리야. 그게 손을 넣기 위한 주머니라고? 말도 안돼. 그거 그냥 장식인데 사람들이 손을 넣고 다니더라고. 참 웃기지않아?"

"그런가???"

제가 너무나 확신에 차서 말하니 친구는 자신이 옳았는데도 자신감을 잃었습니다. 그래도 의심스러워 옆 친구들에게 물었는데 모두가100% 손을 넣는 주머니라고 답했습니다. 그제야 친구는 마음을 쓸어내리며 안심했어요.

"와, 친구들이 말해주니 망정이지 아니면 네 말이 맞는 줄 알았지. 너무 자신 있게 말하니까 순간 내가 틀린 줄 알았어."

잠시 '내가 그랬나?' 하고 넘어갔습니다. 그런데 최근 비슷한 상황이 두 번이나 있었어요.

#2 실수

일정에 차질이 생겨 교육을 10분 정도 늦게 시작한다고 사내 강사에게 알려야 했습니다. 전 직원이 다 사용하는 메신저에서 김민수 강사를 찾아서 연락했어요.

[To 김민숙] 앞 세션이 늦게 끝나 10분만 늦게 오세요.

그런데 그가 원래 시간에 왔어요.

"제가 조금 늦게 오시라고 메시지 보냈는데 못 보셨어요?"

"아, 그래요? 제가 확인을 못 했나 봐요... 미안해요."

"미안한 건 아니고요."

강의 중에 메시지가 왔습니다.

[From 김민숙] 메시지를 잘못 보내신 것 같은데요?

김민수에게 보내야 할 메시지를 김민숙에게 보내고 전 당당하게 메시지를 보냈는데 빨리 왔냐고 우겼습니다. 제가 너무 확신을 가지고 말하니 상대도 그런가 하는 반응이었죠.

#3 잘못된 기억

여러 부서 사람들에게 미팅 초대장을 보냈습니다. 대부분 수락했는데 한 명이 메일을 보내 조금 늦겠다고 답장했어요. 모두 잘 모르는 사람이라 부서명으로 확인했는데 늦는다는 사람은 어차피 선택적으로 참여해도 되는 부서 사람이라 그렇게 기억했어요. 미팅에 갔는데

한 명 빼고 다 왔더군요. 서로 자기소개했어요.

"A 부서의 OOO입니다."

"어 저에게 늦게 온다고 메일 보내지 않으셨나요?"

"네? 제가 다른 미팅에 늦게 간다고 다른 분께 메일을 보내긴 했는데, 아닐 텐데요..."

"저한테 보내셨는데. 흐흐. 괜찮아요. 빨리 오시면 좋죠."

그러고는 미팅하는 도중에 한 명이 늦게 왔습니다. 그제야 늦게 온 사람이 메일을 보냈다는 것을 알아차렸습니다. 선택적으로 참여하는 부서가 두 부서였는데 제가 헷갈린 거죠.

저는 우기는 사람

인정하고 싶지 않지만 저는 우기는 사람입니다. 일주일에 두 번이나 연속으로 같은 상황을 겪고 보니 확실히 알게 되었습니다. 세상 다 받아줄 것처럼 관대한 사람이라고 떠벌리고 다니지만, 혼자 상상하고, 실수하고, 잘못된 기억으로 제 말이 맞다고 우기는 사람이었어요. 얼굴이 화끈거렸습니다. 문제는 상대의 반응입니다. 모두 제가 우기면 '자신이 틀렸나?'하고 저를 받아줬어요. 그 자리에서 "아니다."라고 말한다면, 저도 주춤했을 텐데 말입니다. 남 탓하는 건 아닙니다만.

제가 틀렸다는 걸 나중에라도 발견하지 못했다면, 어땠을까요?

'난 제대로 말하고, 연락하고, 일 처리를 했는데 당신이 똑바로 모르고, 확인도 하지 않고, 엉뚱한 메일을 보냈다.'라고 오해했을 겁니다. 어쩌면 그동안 제가 인지하지 못한 채 이런 일들이 벌어졌는지도 모릅니다. 저만 잘나고 똑똑하고 상대는 멍청하고 제대로 기억하지 못한다는 착각 속에 살았는지도 모르겠어요. 교만이 넘쳤습니다.

그동안 확신이 가득한 제 말투 때문에 상처나 오해를 받으신 분이 있다면 용서를 빌고 싶어요. 제가 우기는 사람이라는 걸 알았으니 이제 말하기 전에 한 번 더 생각하고, 살피려고 합니다. 전 우기긴 하지만 잘못된 것을 알면 쿨하게 인정합니다. 그나마 다행입니다.

까마귀 발자국이라는 축복 ──────────────── ✳

전 직원을 대상으로 제 인생 이야기를 해달라는 제안을 받았습니다. 전 무대에 서길 좋아하니까 '일과 삶의 조화'라는 주제를 발표하기로 했어요. 그런데 시간이 갈수록 후회되기 시작했습니다.

'내가 뭐라고. 뭐 하나 내세울 것 없는 내가 뭐 잘났다고. 나보다 잘난 사람이 얼마나 많은데. 얼마 전 다른 모임에서 파리 마라톤을 풀코스로 뛰고 와서 인생에 비유해서 발표한 동료도 있고, 14개월 동안 카우치서핑으로만 해외여행을 하고 온 동료도 있는데. 이 친구들이 오히려 열정과 도전정신을 불러일으키는 강의를 할 수 있지 않을까?'

점점 겸손해지는 저와 마주했어요. 도대체 무슨 이야기를 하면 좋을지, 과연 제 경험이 동료들에게 어떤 도움이 될지, 걱정이 앞섰어요. 이런 저에게 밝은 햇살이 비집고 들어왔습니다.

동료 중 한 명이 저에게 '까마귀 발자국 (crow's feet)'의 의미를 알려주었습니다. 까마귀 발자국은 사람의 눈가에 자글자글한 주름을 영어로 표현한 문구입니다. 사실 그 발자국이 저의 가장 큰 콤플렉스입니다. 사진에 항상 주름만 보여서 사진 찍는 것을 별로 좋아하지 않아요. 제 동료는 눈가에 주름을 가진 사람은 진정한 미소를 띠는 사람이기 때문에 주변에 그런 사람을 보면 신뢰가 간다고 말했습니다. 물론 저를 포함해서입니다. 그러면서 저에게 까마귀 발자국에 관해 알려줬습니다.

프랑스 심리학자인 기욤 뒤센 (Guillaume Duchenne)은 사람에게 두 가지 유형의 미소가 있다는 것을 밝혔답니다. 광대뼈의 주요 근육 (입꼬리를 올리는 근육)과 눈둘레근 (안륜근, 뺨을 올려서 눈가의 주름을 형성하는 근육) 둘 다를 사용하는 미소와 입꼬리를 올리는 근육만 사용하는 미소가 그 두 가지입니다. 입꼬리만 올리는 근육만 사용하는 미소는 팬암 미소 (Pan Am Smile)라고도 하는데 서비스업에 종사하는 사람이 예의상 짓는 미소를 말합니다. 눈둘레근과 입꼬리를 올리는 근육 모두 사용하는 미소를 뒤센 미소 (뒤센 미소, Duchenne smile)라고 일컫습니다. 이 눈둘레근은 의도적으로 움직이기가 매우 어려운 근육으로 진정한 감정으로 웃음 지을 때만 가능하다고 많은 연구자가 밝혔어요. 즉, 눈가의 주름 (crow's feet, 까마귀 발자국)은 서비스업에 종사하는 사람이 예의상 짓는 미소가 아닌, 진심에서 묻어 나오는 미소 (뒤센 미소)를 많이 지어서 생겨나는 거죠.

애플의 에반젤리스트 (Evangelist)였던 가이 가와사키 (Guy Kawasaki)는 그의 책 Enchantment: The Art of Changing Hearts, Minds, and Actions와 유튜브 동영상에서 뒤센 미소의 중요성을 강조합니다.

"뒤센 미소는 인위적으로 만들 수 없는 진심에서 우러나는 미소다. 눈가에 주름이 많은 사람은 진정성 있게 미소 지으며 인생을 산 사람이고 호감을 주는 사람이다. 그러므로 눈가의 주름을 부끄러워하지 마라. 수술이나 보톡스를 맞지 마라. 그 누구보다 자랑스럽게 생각하라."

저는 그동안 진주를 품은 채 돌덩이를 가졌다고 불평했습니다. 저의 가장 큰 단점을 장점으로 승화시켜준 가이 가와사키에게 감사했어요. 또한 저에게 그를 알려주고 희망을 준 동료에게 고마웠어요. 저는 용기를 내었습니다. 적어도 전 눈가에 주름이 많은 사람이니, 진정성 있는 사람인 거죠. 많은 사람 앞에서 제 인생 이야기를 들려줘도 되겠다는 자신감이 생겼습니다. 이 까마귀 발자국 이야기를 강의 도입부에 사용했습니다. 이 이야기만으로도 많은 사람의 공감을 얻었으니 강의 내용은 말할 필요도 없어요.

여러분 평생의 콤플렉스는 무엇인가요? 저처럼 소중한 장점을 제대로 몰라보고 단점으로, 콤플렉스로 자신을 원망하지는 않았나요? 어쩌면 그 콤플렉스는 까마귀 발자국처럼 아무나 가질 수 없는 소중한 장점일지도 모릅니다. 까마귀 발자국에 주목하세요!

> 애써 마음을 다잡으면서도 배구를 포기하고 싶지는 않았다. 배구를 선택하고 시작하는 순간 끝까지 포기하지 않겠다고 엄마와 약속했으니 내 손으로 포기하는 것을 스스로 용납할 수 없었다. 키가 작은 선수라면 리시브를 잘하면 된다. 리시브에 특출한 선수가 되어서 팀에 필요한 가치를 만들어내자. 돌아설 수 없다면 정면으로 돌파하는 길뿐. 누가 이기나 해보자는 오기가 절반은 섞여 있었던 이 방법들은 시간이 흐르면서 효과를 보이기 시작했다. 그리고 내가 생각지도 못했던 일들을 해내도록 만들어준 단단한 디딤돌이 되었다.
>
> 《 아직 끝이 아니다 》

> 마치 이 세상에 정해진 답은 없다고 말해 주는 것 같았다. 그러니까 남들이 어떤 말이나 행동을 한다고 해서 꼭 정해진 대응을 할 필요도 없는 게 아닐까. 모두 다르니까. 나같이 '정상에서 벗어난 반응'도 누군가에겐 정답에 속할 수 있을지도 모른다.
>
> 《 아몬드 》

> 어떤 일이 유독 힘들다면
> 그건 내가 잘못된 사람이라서,
> 내가 엄살을 떠는 사람이라서,
> 내가 부족한 사람이라서가 아니라,
> 그저 나라는 사람에겐 그럴 수도 있는 것이다.
> 기성화가 내 발에는 유독 아프게 느껴진다 해도,
> 그게 발의 잘못은 아닌 것과 마찬가지다.
>
> 《 나는 나로 살기로 했다 》

> "너도밤나무는 추위에 강해서 잘 부러지거나 하지 않는대."
> "강한 나무라서?"
> "그게 말이지. 그 반대라서 그래. 너도밤나무는 부드러운 나무야.
> 부드러운 나무는 눈이 쌓여도 휘어질 뿐, 부러지지 않는 거지."
>
> 《 주말엔 숲으로 》

 글쓰기

나의 단점

　나의 단점은 무엇이고 단점으로 가장 큰 어려움을 겪은 사례 혹은
단점을 극복한 사례를 씁니다.

_____

_____

_____

_____

_____

_____

_____

_____

_____

_____

_____

_____

_____

https://bit.ly/3d1Jor9

100

메모

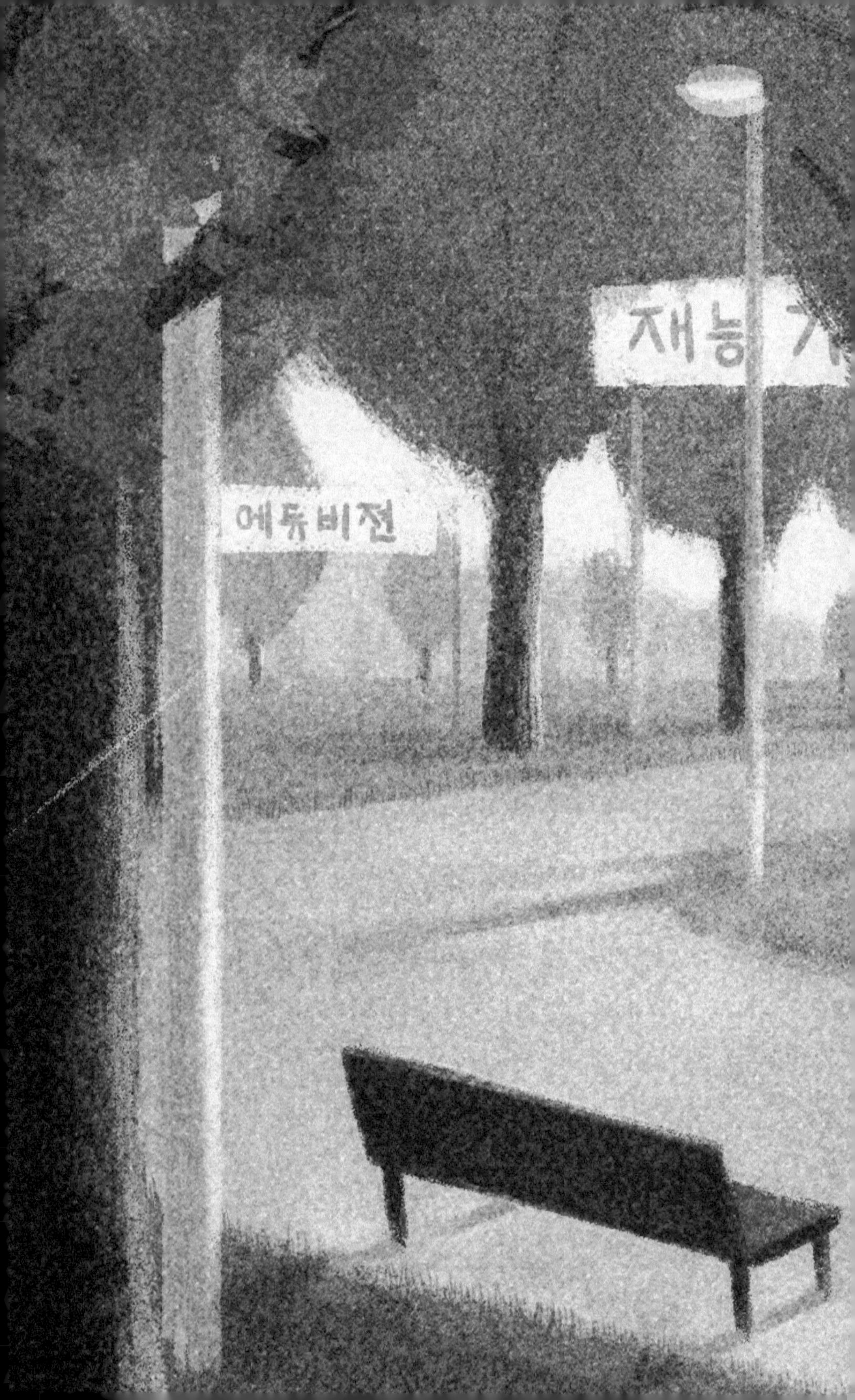
에듀비전
재능

6화

의미 있는 경험

제6화
의미 있는 경험 ⸻⸻⸻⸻ ✳

  과연 의미 없는 경험이 있을까요? 같은 경험을 해도 어떻게 해석하고 받아들이는가에 따라 그 사람의 인생은 달라집니다. 비슷한 환경에서 자랐어도 어떤 사람은 감사하게 생각하며 나름 부족하지만, 행복하게 성장했다고 기억합니다. 반면 어떤 사람은 그런 환경이 자기 발목을 잡아 더 성장하지 못했다고 불평하면서 평생의 트라우마로 안고 살아가죠. 결국 사람은 개인의 해석으로 의미 있는 경험을 재구성합니다.

  모든 경험은 의미가 있습니다. 좋으면 좋은 대로, 아프면 아픈 대로. 경험 덕분에 삶을 조금씩 배워나가니까요. 한 번 경험했기 때문에 기준점이 생겨서 버틸 힘이 되기도 하고, 비결을 쌓는 기회가 되기도 합니다. 하나만 골라 글을 써야 한다면 어떤 경험을 선택해야 할까요?

  한계를 극복하고 깨달음을 얻은 경험은 기억에 남습니다. 그만큼 고생하고 힘들었지만, 결국 원하는 바를 얻었기에 의미가 있다고 판단합니다. 새로운 가족을 만나거나 떠나보낸 경험 역시 의미로 다가옵니다. 현실에 발을 두고 바쁘게 살아가기에 여행은 늘 우리의 로망입니다. 여행으로 깨달음을 얻거나 충전한 경험은 더욱 소중합니다.

글감만으로도 벌써 가슴이 뜁니다.

한계를 극복하고 깨달음을 얻은 경험을 글로 쓴 도서를 살펴볼까요? 프랭클 박사의 자전적 체험 수기 《죽음의 수용소에서》는 강제수용소에서 겪은 경험을 공유합니다. 그는 생사의 엇갈림 속에서도 삶의 의미를 잃지 않고, 죽음조차 희망으로 승화시킨 인간 존엄성의 승리를 보여줍니다. 이 책은 '가장 비참한 상황에서도 삶은 잠재적인 의미가 있다'고 전합니다.

《미움받을 용기》의 공저자 중 한 명인 기시미 이치로는 큰 수술을 겪으며 느낀 삶의 통찰을 《마흔에게》에서 밝힙니다. 아들러 심리학에 행복과 나이 듦을 더하여 저자의 경험과 지혜로 풀었어요. 아리스토텔레스가 말한 키네시스 (kinesis, 시작과 끝이 있으며 불가역적으로 종점으로 향하는 움직임) 인생과 에네르게이아 (energenia, '이루고 있는 것'이 전부이며 그것이 그대로 '이룬 것'이 되는 움직임) 인생을 비교하면서 '인생은 마라톤이 아니라 춤이다'라고 저자는 말합니다.

이제 눈을 감고 인생을 돌아볼까요? 여러분에게 의미 있는 경험은 무엇인가요? 사소한 경험도 의미를 부여하면서 새롭게 재해석해 볼 필요는 없을까요?

인생 10대 뉴스

개인적으로 의미 있던 경험 중심 10가지 뉴스

1. 내 인생 처음으로 상을 받았다.

2. 엄마한테 거짓말을 했다가 심하게 혼났다.

3. 첫사랑을 만났다.

4. 아버지 사업 실패로 집안 형편이 나빠졌다.

5. 교외 미술 대회 입상했다.

6. 가고 싶던 대학 입학했다.

7. 인턴 시험에 불합격했다.

8. 아르바이트 첫 월급으로 부모님께 선물을 드렸다.

9. 성적우수 장학금을 받았다.

10. 봉사활동으로 알게 된 학생이 감사쪽지를 보냈다.

개인적으로 의미 있던 경험 중심 10가지 뉴스

1. _____

   _____

2. _____

   _____

3. _____

_____

4. _____

_____

5. _____

_____

6. _____

_____

7. _____

_____

8. _____

_____

9. _____

_____

10. _____

_____

https://bit.ly/3DcsH7d

플리마켓에서 재능 기부, 대화로 도서 추천을 ──────── ✳

플리마켓에서 시작된 식물학자의 식물상담 이야기인 《이웃집 식물
상담소》를 읽으며 예전에 읽은 《뼛속까지 내려가서 써라》의 구절이
생각났습니다.

학교, 교회, 유치원에서 주최하는 바자회나 축제를 그냥 놓치지 말라.
그 행사에 공헌할 일이 없다는 생각은 버려라. 이런 장소에서 당신은 즉흥
적인 '글쓰기 창구'를 만들 수 있다. 준비할 건 고작 백지와 빨리 써지는
필기구, 탁자 그리고 의자만 있으면 된다. 여기에 '즉흥시' 또는 '주제를
정하면, 그 주제에 맞는 글을 써드립니다'라는 내용의 표지판까지 있으면
금상첨화다.

《 뼛속까지 내려가서 써라 》중에서

언제 기회가 된다면 바자회나 플리마켓에서 즉석 글을 쓰거나 대화
로 도서 추천을 하고 싶다고 생각했어요. 그 막연한 생각은 현실이 되
었습니다.

동네 커뮤니티센터에서 매월 공공공감 플리마켓을 여는데요. 망설
이다 재능기부로 즉석에서 대화하고 도서를 추천하는 판매자 신청을

했습니다. 사전에 연락이 와서 어떤 방식으로 진행할지, 센터에서 무엇을 준비하면 될지 조율했고 드디어 지난 토요일 플리마켓에 참여했습니다.

도서 데이터가 정리된 노트북, 추천 도서를 써줄 카드를 챙겨 플리마켓이 시작하기 30분 전에 가서 준비를 마쳤습니다. 최소 인당 30분을 잡으면 2시간 동안 4명밖에 못 할 거라 예상했어요. 플리마켓을 시작하면 예약을 받아 차례대로 진행해야 하겠다고 생각하고 오픈채팅방 QR코드까지 준비했습니다.

하지만... 플리마켓을 시작한 지 30분이 지나도 도서 추천 코너에 방문하는 분이 없었어요. 뒤에 진열된 책과 함께 천장에 달린 표지판을 센터 고유 프로그램으로 이해할 것 같아, 표지판을 떼어 책상 위로 옮겼습니다. 좀 더 눈에 띄게 하고 적극적인 홍보도 시도했습니다.

드디어 첫 방문자가 왔습니다. 시간이 별로 없다며 대화보다는 즉각적인 책 추천을 원했습니다. 사후의 세계에 관한 책을 문의했지만, 제가 잘 모르는 분야였어요. 죽음에 관한 것인지 여쭈어보니 웰다잉(well dying)에 관한 책을 알고 싶다고 하셨습니다.

《아직 오지 않은 날들을 위하여》만 생각이 나서 우선 추천해 드렸는데 다시 생각해보니 《떠난 후에 남겨진 것들》, 《이어령의 마지막 수업》, 《죽음에 관하여》도 떠올라 추가해 드렸어요. 《나는 내 나이가 참 좋다》도 알려드릴 걸 하는 아쉬움이 남습니다.

두 번째 분과는 본격적인 대화를 시작했습니다. 첫 대화를 시작하기가 쉽지는 않았어요. 요즘 고민하거나, 책에 관해 질문을 했는데, 다음에는 최근 주로 생각하는 게 뭔지 물어보면 좋겠어요.

10년 이상 직장을 다니는 남성분은 삶이 공허하다고 말했습니다. 나름 고전도 많이 읽고 집을 북카페로 꾸밀 만큼 독서에 관심이 많은 분이었죠. 삶의 의미를 여쭤어봤는데요. 자신과 가족을 위한 삶도 중요하지만 타인을 돕고 싶다고 했어요.

다르마가 떠올라《내가 틀릴 수도 있습니다》와《수도자처럼 생각하기》를 추천해 드렸습니다.《빅터 프랭클의 죽음의 수용소에서》는 이제야 생각나네요. 즉석에서 마땅한 책을 떠올리기가 쉽지 않았어요. 저와 대화를 나누며 어느 정도 삶의 의미를 고민했을 거라 믿습니다.

세 번째는 여성 직장인이었는데, 어떻게 고민을 유도할까 걱정되었어요. 자연스럽게 그분이 후배 이야기를 꺼내며 MZ세대와의 소통이 어렵다고 토로했죠.《90년생이 온다》,《요즘 애들에게 팝니다》가 떠올랐지만 트렌드 책이라 문제해결에 도움이 되지 않기에 다른 책을 고민했습니다.

소통을 위한 오픈 마인드가 필요해 보여 소통법으로《비폭력대화》와 다른 문화에서 배우는 피드백 방법으로《규칙 없음》을 소개했습니다. 비폭력대화 교육도 알려줬는데, 그분이 젊은 세대와 소통하고 솔직한 피드백으로 세대 간 갈등이 해결되길 바랍니다.

플리마켓이 끝나갈 즈음 평소에 책을 거의 읽지 않는 남성 직장인이 오셨습니다. 자기계발서보다는 아름다운 이야기나, 실제 성공한 롤 모델의 이야기, 시집, 감성 가득한 책 추천을 원했습니다. 다양한 요구를 하셨는데 다행히 바로 제가 읽은 적합한 책이 떠올랐어요.

아름다운 롤모델로《누구도 벼랑 끝에 서지 않도록》, 처음 읽을 시집으로《우리가 인생이라 부르는 것들》, 감성에 푹 빠지도록《바람이

분다 당신이 좋다》를 추천했습니다. 따뜻한 이야기를 다룬 책을 최근에 읽었는데 제목이 생각나지 않아 알려드리지 못했는데요. 《마침 그위로가 필요했어요》는 나중에 떠올랐습니다.

지금까지 기록한 읽은 책 700권에서 상황에 맞게 즉각적으로 책을 찾아 주기가 생각보다 어려웠어요. 그나마 빠르게 떠오른 책은 최근에 읽은 책이거나 제가 글을 남긴 책이었어요. 글의 힘을 다시금 느꼈습니다.

나중에 추천하고픈 책이 더 생겨났지만, 전달할 방법이 없네요. 책도 그렇지만, 생전 처음 보는 분과 대화를 이어가기도 쉽지는 않았어요. 제 생각은 이런데 실제 대화를 나누고 책 추천을 받으신 분들은 어떠셨을지 궁금합니다. 피드백을 받을 방법을 마련하면 좋겠어요.

당분간 플리마켓에서 재능기부를 할 생각입니다. 자꾸 하다 보면더 좋은 방법이 생기겠지요. 일상에 힘이 되는 대화로 책을 추천하는온라인 프로그램을 만들어 파일럿을 해볼까 하는 마음도 있지만, 책읽을 시간도 없어 허덕이는 저를 돌보는 마음으로 워~워~를 외쳐봅니다.

한 달에 2시간으로 미약하게나마 지속해 보고, 마음이 동하면 그때고민해보렵니다.

* 이 글은 오마이뉴스에도 실렸습니다.

배려가 난무하는 오감여행 ✳

　디자이너 출신으로 다음 사업을 모색 중인 사업가, 초등학교 1학년 전문 선생님, 두 자녀를 잘 돌봐 모두 공기업에 취업시킨 가정주부, 그리고 외국계 기업 직장인인 저까지 공통분모가 보이지 않는 이 조합은 딸아이가 중학교 때 알게 된 친구들의 엄마 모임입니다. 아이들은 같은 여고에 갔지만 반이 달라 조금씩 소원해졌는데, 엄마들은 정보도 주고 받을 겸 계속 만남을 지속했어요. 아이들의 수능이 끝나는 시점을 목표로 고생한 엄마들을 위한 해외 여행계를 운영했습니다.

　동유럽 패키지 투어를 예약하고, 여행 예비 연습으로 호캉스를 함께 보내기도 했지요. 해외여행은 인원 미달로 가지 못했지만 소소하게 함께 맛난 식사도 하고 1박 2일 국내 여행을 다녀오기도 했습니다. 아이들은 훌쩍 커서 이미 대학을 졸업하고 직장인이 되기도 하고, 아직 학생인 아이도 있지요. 아이들은 서로 연락을 안 하기도 하는데 엄마들은 꾸준히 만납니다. 딸도 이해하지 못하겠다는군요. 저희도 참 신기하다며 만나요.

　코로나로 주춤했다가 2년 만에 만나 식사하며 해외는 나중에 가더라도 국내 여행을 짧게 다녀오자며 날을 잡았어요. 그날이 순식간에 다가와서 바쁜 와중에 힐링하는 시간을 가지게 되었어요. 국립횡성숲

체원에서 1박 했습니다. 자연휴양림은 처음 방문했는데 잘 가꾸어진 정원에서 온전히 휴식한 느낌이었습니다. 저녁 식사 후 가볍게 산책하며 주변을 둘러봤고, 2일 차 아침에 새소리와 함께 아름다운 우리의 모습을 사진에 담았습니다.

횡성에서 맛난 한우를 먹고 그 전부터 가보고 싶던 뮤지엄 산으로 넘어갔습니다. 누군가의 SNS에서 얼핏 보고 언젠가 가봐야지 마음만 먹었던 그곳을 아무런 정보 없이 방문했습니다. '막연히 좋구나, 가고 싶구나'와 실제로 가는 것은 완전히 다르다는 걸 알게 되었어요.

보통 혼자 미술관에 가면 넉넉히 시간을 두고 도슨트 투어에 다 참여합니다. 이번엔 그냥 가볍게 훑어보는 기분으로 2시간 정도 돌아봤습니다. 운 좋게 미술관 전시해설 그룹을 만나 미술관 설명을 들었고, 건축 전시해설 그룹을 만나 안도 타다오가 어떤 의도로 뮤지엄 산을 건축했는지 알게 되었습니다. 안도 타다오의 작품인지도 모르고 갔거든요.

입구의 플라워 가든부터 감탄했어요. 초록의 잔디에 대비되는 빨간색 작품, 마크 디 수베로의 〈제라드 먼리 홉킨스를 위하여〉가 우리를 반갑게 맞이하더군요. 패랭이꽃의 달달한 향이 오감을 자극했어요. 워터가든의 물과 파주석으로 만들어진 건축물이 청량감을 줬습니다. 네 개의 윙 구조물에 사각 (파피루스 온실), 삼각 (삼각코트), 원형 (백남준 홀)의 공간과 하늘을 봤으니 이번엔 그 정도로 만족해야 하겠습니다. 카페테라스에서 팥빙수와 코코넛 아이스크림을 먹으며 자연을 즐겼고요. 종이 박물관, 스톤가든, 빛과 공간의 예술가인 제임스터렐의 작품은 다음을 위해 남겨졌습니다.

다음엔 혼자 여유롭게 다녀오고 싶은데요. 뚜벅이로 가는 방법도 있네요. 원주 시외버스터미널에서 원주시티투어를 이용하면 입장권 20% 할인까지 된다니 아침부터까지 찬찬히 둘러봐야겠습니다. 내년이 뮤지엄 산 10주년이라 다양한 행사도 할 예정이랍니다. 올해 한 번 더 갈지, 내년에 갈지 아님 둘 다 갈지 행복한 고민에 빠져봅니다.

무엇보다 이 여행의 백미는 배려였습니다. 모두 얼마나 철저하게 준비를 해왔는지 제 손이 부끄러웠어요. 필요하면 언제든 사면 된다고 생각했기에 빈손으로 갔는데, 와인, 치즈케이크, 영양제, 간식, 물, 컵라면, 일회용 접시, 컵 등을 각자 준비해와서 부족함이 없는 여행이었어요. 제가 할 수 있는 거라곤 카드 결제와 회비 관리, 사후 정산의 총무 역할이었는데요. 그거라도 할 수 있어 다행이었습니다. 다음엔 저도 뭔가 준비해야 하겠더라고요.

다른 모임에서는 이런 배려를 찾아보기 어려운데요. 모두 챙겨받기만 원하고 베푸는 것은 전혀 없습니다. 마음을 다해 챙겨줬는데 돌아온 건 무관심과 불친절이었어요. 진심이 짓밟힌 기분이었습니다. 물론 우정이 비즈니스는 아니지만 한 방향으로 흐르는 건 아닌 것 같아요. 저도 사람인지라 이런 관계를 유지해야 할지 고민이 듭니다.

《미움받을 용기》에서 10명의 사람 중 한 사람은 반드시 나를 비판하고, 두 사람은 모든 것을 받아주는 더 없는 벗이 되며, 남은 일곱 명은 이도 저도 아닌 사람들이라고 했습니다. 누구에게 주목할 것인가가 관건이라고 강조했지요. 배려와 사랑이 넘치는 사람들에게 집중하여 관계를 더 발전시키고, 이기심과 푸대접이 팽배한 사람들과의 만남은 멀리해야겠다고 생각한 여행이었습니다.

> 66
>
> 하밀할아버지가 노망이 들기전에 한 말이 맞는 것 같다. 사람은 사랑할 사람 없이는 살 수 없다. 그러나 나는 여러분에게 아무것도 약속할 수 없다. 더 두고 봐야 할 것이다. 나는 로자 아줌마를 사랑했고, 계속 그녀가 그리울 것이다.
>
> 《 자기앞의 생 》　　　　　　　　　　　　　99

> 66
>
> 우리는 아름다운 길을 따라 달렸다. 포장도 안 된 좁은 길이었지만 길가의 나무와 풀밭은 아름다웠다. 밝은 태양과 맑게 갠 푸른 하늘은 말할 것도 없었다. 진지냐 할머니가 언젠가 '기쁨은 마음속에 빛나는 태양'이라고 말한 적이 있다. 그리고 그 태양이 모든 것을 행복으로 비춰 준다고 했다. 그게 사실이라면 내 마음속의 태양이 모든 것을 아름답게 비춰주고 있는지도 몰랐다.
>
> 《 나의 라임 오렌지나무 》　　　　　　　99

> 66
>
> "너를 위해서라면 천만번이라도"
>
> 《 연을 쫓는 아이 》　　　　　　　　　99

 글쓰기

의미 있는 경험

내 인생에서 가장 의미 있던 경험을 선택하여 글을 씁니다.

_____

_____

_____

_____

_____

_____

_____

_____

_____

_____

_____

_____

메모

7화

나에게 쓰는 편지 / 일기

제7화
나에게 쓰는 편지/일기 ━━━━━━━━━━━━ ✳

　일기처럼 우리 삶에 녹아있는 글쓰기가 있을까요? 저의 생애 첫 글쓰기는 그림일기였습니다. 그림 그리기를 좋아했던 저는 선생님이 숙제로 내어 준 일기 쓰기가 놀이 같았어요. 그림일기에서 글로 가득한 일기로 넘어간 고학년이 되어서도 꼬박꼬박 일기를 쓴 기억이 납니다. 개학을 앞두고 몰아서 일기 쓰기 바빴던 오빠는 제 일기장의 날씨를 참고하여 숙제를 마쳤어요. 꾸준히 쓰다 보니 습관이 되어 일기는 마음을 터놓고 이야기하는 친구가 되었습니다. 대부분 숨기는 것 없이 솔직한 성격이지만 그래도 꼭 숨겨야 하는 비밀은 일기장에서 풀었어요. 머릿속 가득한 복잡한 생각을 일기장에 쏟아부으면 속이 후련했습니다. 쓴 글을 다시 읽으며 저를 재발견했어요. 자신을 객관적으로 바라보는데 일기만큼 좋은 방법은 없어요. 제 글쓰기의 원천이기도 합니다.

　마셜 로젠버그는 《비폭력대화》에서 쉽게 기억할 수 있으면서 원하는 바를 얻을 수 있는 NVC (NonViolent Communication) 모델 네 단계를 다양한 경험과 예시로 제공합니다. 이는 첫째, 우리 삶에 영향을 미치는 구체적인 행동을 관찰하고 둘째, 느낌을 표현한 후 셋째, 그런 느낌을 일으키는 욕구를 찾아내어 넷째, 구체적인 행동을 상대에게 부탁하는 대화 모델입니다. 상대에게 말하고, 듣는 차원에서 유용한데 특히 스스로에게도 내밀 수 있다는 점이 인상적입니다. 자신의 욕구를 잘 관찰하여 부탁하는 마음으로 자신과 내면의 대화를 시작해 볼까요? 지금 혹은 과거의 행동을 후회한다면 충족되지 않은 욕구와 연결해서 화해하고 용서할 수 있어요. 그 형식은 일기도 좋고 편지도 좋아요.

자신을 객관화하고, 생각을 정리하거나 혹은 자신과 화해하는 데 일기가 도움이 됩니다. 그런 용도로 쓰는 일기가 감사하게도 다른 사람에게 영향을 미칩니다. 《쓰기의 감각》에서 앤 라모트는 일기가 다른 사람에게 선한 영향을 준 이야기를 전합니다. 그녀는 갓 태어난 아들을 키우며 육아일기를 썼어요. 자기 아들의 양육을 돕던 친구 패미 이야기도 자연스럽게 포함했는데, 어느 날 패미가 유방암 진단을 받았습니다. 그녀는 친구 생전에 친구와 친구 딸 이야기를 책에 담아 주고 싶어 최대한 빨리 글을 썼어요. 친구가 죽기 몇 달 전 연애편지 같은 선물을 건넸습니다. 그 책은 혼자서 아이를 키우는 엄마가 쓴 웃음과 아픔이 담긴 현실적인 일기여서 친구 개인뿐 아니라 다른 싱글맘에게도 참고서가 되었답니다.

일기가 문학작품으로 탄생한 예로 김현의 《행복한 책읽기》를 들 수 있어요. 대부분이 독서 일기지만, 일상의 느낌도 실려 있습니다. 작가의 왕성한 독서량과 비평, 깊은 사유에 놀랍니다. 일기만큼 작가의 솔직한 마음을 엿보는 글이 또 있을까요? 《반 고흐, 영혼의 편지》는 빈센트 반 고흐가 동생 테오와 주고받은 편지를 묶은 책입니다. 동생 테오의 편지를 포함한 40여 통의 편지와 그림이 추가로 실려 있어서,

편지에 언급한 그림이나 각 시기에 해당하는 작품을 감상할 수 있어요. 글로 보는 그림이 어떻게 다가오는지 감상해보세요.

습작시인 카푸스와 릴케가 1903년부터 1908년까지 약 5년여간 나눈 편지와 리자 하이제 부인과 릴케가 주고받은 편지가 《젊은 시인에게 보내는 편지》에 실렸습니다. 자기 적성과 정반대라고 여겨지는 시인이라는 직업에 발을 들여놓은 카푸스는 '나의 축제를 위하여'의 시인이 자신을 이해해 주길 바랐습니다. 그렇게 편지가 시작되었는데 누구에게도 해 본 적이 없는 속마음을 편지에 담아 보냈어요. 시인의 삶과 고뇌가 고스란히 편지에 드러나는데요. 릴케는 답장을 어떻게 써주었을까요?

이제 나에게 편지를 써볼까요? 과거의 나와 화해하는 편지도 좋고, 현재의 나를 격려하는 편지도 좋아요. 미래의 나에게 내 삶을 물어보는 편지는 어떤가요? 솔직한 지금의 마음을 덤덤히 일기로 써보는 건 어떨까요? 과거, 현재, 미래 모두 다 나의 모습입니다. 그 모습을 스냅 사진 찍듯이 찍어 글로 표현해 보세요.

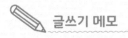

과거의 일기

과거 일기를 찾아 옮겨봅니다.

생각해보면 아주 성숙하고 군자인 척하면서도 나 자신은 아주 부족하고 욕심도 많고 부족한 점이 많은 거 같다. 남은 인생 40년을 생각하며 하나씩 준비해야 하는데도 그러지도 못하고 그냥 시간만 보내고 있고 황금 같은 젊은 시절을 이렇게 보내도 되는지....

황금 같은 20대는 이미 지나가 버렸고 30대는 이제 중반에 접어든 시점에 나는 무엇을 하고 있는가?

내노라 할 만한 취미도 없고... 뭔가 확고한 변신이 없이는 어려울 거 같다.

지금 다니는 회사에서 3년을 버티기로 했는데 이젠 1년을 버티었고 2년이 남았다. 올 한 해는 그럭저럭할 거 같고.... 3년은 무난히 버틸 수 있지 않을까 싶다.......

그리고 그 이후에는....

새로운 분야를 도전하든...

- 2003년 2월 14일 금요일 일기장에서

과거 일기를 찾아 옮겨봅니다.

_____

_____

_____

_____

_____

_____

_____

_____

_____

_____

_____

_____

_____

_____

_____

_____

_____

https://bit.ly/3d8zgwL

20년 전 나에게 보내는 편지 _____ ✳

안녕? 친구야

우연히 네 일기장을 엿보았단다. 나는 네가 늘 도전과 안주 사이에서 고민하면서도 도전을 향해 나아왔다고 생각했어. 그래서 도전이라는 키워드로 검색했는데 2003년의 너는 많이 좌절했구나. 짧은 글에서 너를 새롭게 발견했어.

우선 넌 겉과 속이 다르다는 고민을 했네. 착한 사람 콤플렉스 혹은 가면 증후군을 이때도 가지고 있었나 봐. 스스로는 부족하다고 여기면서 겉으로 고상한 척하느라 얼마나 힘들었을지 지금 보니 웃음이 난다. 물론 지금도 완전히 극복하진 못했지만 꼭 그렇게 착한 사람이 되지 않아도 돼. 부족하고 욕심 많은 널 인정하렴. 적어도 마음은 편해지지 않을까?

20대가 훌쩍 지나간 걸 아쉬워했고, 30대 중반에 다가갔지만, 취미도 없고 뭔가 내세울 게 없는 두려움이 컸구나. 남은 인생이 50년이나 되는데 준비한 게 없어서 걱정도 컸구나. 20년이 지난 지금에도 남은 인생이 50년이라고 여겨지는데 그럼 난 20년을 덤으로 살았나? 어쩌면 그때는 두려웠을 것 같아. 하지만 지금은 충분히 좋아. 지나간

과거를 후회할 일도, 다가올 미래가 두려울 일도 없으니까. 지금, 여기, 이 순간이 감사하고 행복하니까. 후회와 두려움은 내려놓아도 좋아. 참 취미 걱정은 이제 안 해도 돼. 독서와 글쓰기라는 멋진 취미를 얻었으니까.

버틴다는 단어가 나를 아프게 했어. 얼마나 힘들었기에 버틴다는 표현을 했을까? 약간의 스포를 하자면 너의 변화와 도전에 관한 고민이 용기가 되어 1년 후에 새로운 직무에 도전하게 돼. 그게 원동력이 되어 지금은 죽을 때까지 일하고 싶은 사람으로 바뀌었단다. 인간은 망각의 동물이라더니 나는 2004년 이전의 삶을 잊었나 봐. 어렵고 힘들지만 버틴 네가 있었기에 지금의 나는 건강하고 행복하구나. 고맙다. 그 자리에서 조금만 더 버티어 주렴.

또 20년이 지난 후 지금의 내 모습을 본다면 비슷한 느낌일까? 다른 느낌일까? 20년 후의 친구 앞에선 좀 더 당당하게 말할 수 있을 것 같아. 지금 나는 조금은 편하게 있는 그대로의 나를 받아들이고 있고, 미래에 대한 두려움보다는 설렘으로 가득하고, 버티기 보다는 적극적으로 즐기고 있으니까 말이야.

미래의 친구는 지금보다 더 성장해 있기를 바라며.

난 너에게 반했어 ──────────────── ✳

안녕?

오늘은 너에게 편지를 써보려고 해. 부단히 많은 글을 브런치에 발행하고선 정작 너에게 보내는 편지는 처음이라 낯설고 부끄럽네.

먼저 너에게 축하를 건네고 싶어. 그동안 네가 원하던 신나는 일을 많이 경험했잖아. 번역서도 냈고, 독립출판도 해봤고, 불특정 다수를 대상으로 온라인 특강도 진행하고 말이야. 더군다나 공중파 TV 출연은 상상도 못 한 일이었지. 우리 삶에서 간절히 바라고 상상해도 될까 말까 한 일이 대다수겠지만, 살다 보니 기대하지도 않은 행운이 오기도 하나 봐. 또 어떤 즐거운 일을 꾸릴지 기대된다. 신나게 펼쳐보렴. 실패한들 무슨 문제가 되겠니? 사람이 죽고 사는 문제는 아니잖아? 그러면서 네가 배워나가는 거니까.

네가 원하는 게 북카페를 여는 거잖아. 요즘 말로는 '작은 책방'이라는 표현이 어울릴까? 정말 가능할 것 같지 않니?

네가 읽었던 책을 진열해서 누구나 와서 책을 읽고, 차도 마시겠지. 그동안 모아둔 책 상태가 좋아야 할 텐데, 걱정이긴 하겠다. 그곳에서 글쓰기 수업도 하고, 수업을 들은 문우들이 책을 내도록 도와줄 테지. 독립출판 도서도 판매하겠지. 유명 작가는 아니지만, 누구나 책을 내는 시대에 작가의 진심이 담긴 책을 독자에게 소개해 주겠네. 작가들을 초대해서 북토크도 하겠구나. 네 책도, 문우들의 책도 팔리겠다. 네가 그렇게 원하던 북토크도 실컷 하렴.

독서 모임도 하겠네. 더 많은 사람이 책을 읽고, 토론하여 자기 삶에 적용하게 도와줄 테지. 그들에게 작은 변화의 씨앗을 심어주고 싶겠지. 요즘 영어 원서도 꾸준히 읽고 있으니 영어 원서 읽기 모임도 하면 좋겠네. 번역서도 좋지만 원저자의 글을 직접 읽으면 작가의 마음이 다가올 거야. 모임에 참여하는 사람들을 위해 아기자기한 굿즈도 준비하면 좋겠다.

네가 요즘 주도하고 참여하는 활동이 모두 작은 책방을 준비하는 과정으로 연결되는구나. 물론 네가 즐거워하고 과정에서 행복을 느끼지만, 정말 잘하고 있다고 말해주고 싶네.

그런데 말이야. 네가 모임으로 행복한 시간을 보내는 것도 좋은데 말이야. 나는 네가 좀 더 너를 사랑했으면 좋겠어. 다른 사람들에게는 "자신을 사랑하세요"라고 말하면서 정작 넌 얼마나 너를 사랑하는지 묻고 싶다. 너에게 그 누구보다 소중한 존재는 '너'인데 말이지. 그걸 항상 다른 사람에게 양보하는 것 같아 안타까워.

다른 사람이 너의 인생을 대신 살아주는 건 아닌데 말이야. 오히려 다른 사람이 너를 사랑해주길 바라잖아. 다른 사람의 마음을 어떻게 할 수 없잖아. 결국 통제할 수 있는 건 네 마음뿐. 네가 온전히 너를 사랑하고 그 사랑이 넘칠 때 너도 다른 사람을 있는 그대로 사랑할 수 있는 거야. 너를 돌보고 너에게 올인해보렴. 결국 너를 돌볼 사람은 너밖에 없단다.

그래도 너에겐 절대 변하지 않을 세 친구가 있잖아.

힘들 때, 지칠 때, 음악에 귀 기울여 보렴. 인간이 만든 위대한 발명품이 아닐까? 자연의 소리를 흉내 낸 걸까? 뭐든 좋아. 듣고 있으면 힐링이 되니까. 바쁘게 달려가지 않아도 돼. 잠시 멈추고 온전히 음악 소리에 집중해 봐. 너에게 사랑을 속삭여 줄 테니.

나른할 땐, 커피 한 잔 어때? 커피의 쌉싸름한 맛과 코를 자극하는 고소한 향이 너에게 힘을 주지. 천천히 한 모금 입에 담아 보렴. 살포시 삼키면 따뜻한 커피가 너를 어루만져 줄 거야.

혼자라고 느껴질 때, 두려울 때, 글을 읽어봐. 책도 좋고 SNS 글도 좋아. 한땀 한땀 써 내려간 작가의 마음을 헤아려 보렴. 작가는 어떤 마음으로 글을 썼을까? 어떤 공감을 얻고 싶었을까? 글을 읽는 너는 어떤지 생각해 봐. 그 순간 너는 혼자가 아니야. 같은 공간, 같은 시간에 작가와 대화를 나누는 거지. 네가 글을 쓰는 것도 마찬가지잖아.

자 그럼 이제 다시 힘을 내어 볼까? 음악을 틀고 커피 한 잔과 함께 글을 읽어보는 거야. 넌 혼자가 아니야. 너를 가장 사랑하는, 너에게 푹 빠진 내가 항상 곁에 있을게. 난 너에게 반했어.

> 자신의 내면으로 들어가십시오. 당신에게 글을 쓰라고 명령하는 근거를 찾아내십시오. 그것이 당신 마음의 가장 깊은 곳에 뿌리를 펴고 있는지를 살펴보십시오. 글쓰기를 거부당한다면 차라리 죽음을 택하겠는지를 스스로에게 고백해보십시오. 무엇보다도 먼저, 당신이 맞는 밤의 가장 고요한 시간에 '나는 쓰지 않으면 안 되는가'라고 자신에게 물어보십시오. 마음속을 파헤쳐 들어가서 깊은 대답을 찾으십시오. 만약 대답이 긍정적이라면, 만약 당신이 이 진지한 물음에 굳세고도 단순하게 '나는 쓰지 않을 수 없다'는 말로 대답할 수가 있다면, 그때에는 당신의 생활을 이 필연성에 따라 구축하십시오.
>
> 《젊은 시인에게 보내는 편지》

> 우리가 살아가야 할 이유를 알게 되고, 자신이 무의미하고 소모적인 존재가 아니라 무언가 도움이 될 수도 있는 존재임을 깨닫게 되는 것은, 다른 사람들과 더불어 살아가면서 사랑을 느낄 때인 것 같다.
>
> 《반 고흐, 영혼의 편지 1》

> 딸아, 만약 누군가 너에게 여자의 미덕을 이야기하고 모성을 운운하며 우리네 어머니처럼 살아야 한다고 말하거든 귀를 닫아 버려라. 그리고 모든 것을 다 잘할 수 없다고 잘라 말해라. 만약 상대방이 "참 못됐다"라고 말하면 칭찬으로 들어라. 그래야 많은 역할을 하면서도 중심을 잃지 않을 수 있으며, 너 자신을 지킬 수 있다.
>
> 《딸에게 보내는 심리학 편지》

나에게 쓰는 편지/일기

과거/현재/미래의 나에게 편지/일기를 씁니다.

https://bit.ly/3eD2gxa

메모

8화

나는 누구인가?

나는 누구인가? ✳

여러분은 지금까지 치열하게 자신을 탐색하고, 객관화하여, 오로지 자신에 관한 글을 썼습니다. 자신이 누구인지 명확해질 거라 상상하며 이 여정을 시작했지만 시간이 갈수록 더 복잡해졌을 겁니다. 공부할수록 모르는 게 많아져서 혼란에 빠지듯, 글을 쓰면서 나를 찾기는 더욱 어려워집니다. 왜 그런 걸까요? 우리의 정체성이 계속 변하기 때문일까요?

"여러 상대와 나누는 대화부터 당신이 속한 문화까지. 삶의 모든 경험들은 당신 뇌의 미시적인 세부구조를 변화시킨다. 신경학적으로 말하면, 당신이 누구인가는 당신이 어떤 곳들을 거쳤는가에 달려 있다. 당신의 뇌는 끊임없이 자신의 회로를 다시 작성함으로써 변신한다. 그리고 당신의 경험들은 유일무이하므로, 당신의 신경 연결망의 광역적·세부적 패턴들도 유일무이하다. 그 패턴들은 평생 동안 변화 멈추지 않으므로, 당신의 정체성은 움직이는 표적과도 같다. 당신의 정체성은 절대로 종착점에 이르지 않는다."

《더 브레인》 중에서

그렇게 변하는 과정에서 종착점이 아닌 현재의 모습을 남겨보는 건 어떤가요? 우리에게는 이미 나의 행복한 순간부터, 내 삶의 목적, 내가 원하는 삶, 나의 장점, 나의 단점, 의미 있던 경험, 나에게 쓰는 편지/일기까지 7편의 글이 남았습니다. 지금까지 쓴 글에 기초하여 객관적으로 나 자신을 들여다보고 정리해 보세요. 글 7편을 다시 글 한 편으로 정리하기란 쉽지 않아요. 읽고, 생각하고, 분석하고, 기억하는 모든 것을 마음속에 지도를 그리듯 작성하는 마인드맵도 고려해 보세요.

마인드맵은 https://www.xmind.net/에서 프로그램 (XMind ZEN 혹은 XMind8)을 다운받아 사용하거나 혹은 https://drive.google.com/ (구글 드라이브)에서 새로 만들기 버튼을 클릭하여 무료 (MindMup2.0 for Google Drive)로 사용할 수 있어요. 컴퓨터가 익숙하지 않으면 종이에 손으로 그려도 됩니다. 자기 아이디어를 정리할 수 있다면 어떤 도구를 사용해도 좋아요.

7편의 글을 찬찬히 읽으며 키워드를 뽑아 7개 부주제에 가지를 쳐 보세요. 혹은 마인드맵으로 나에 관해 새롭게 떠오른 생각을 자유롭게 작성해 보는 것도 좋아요. 그렇게 확장된 나의 키워드를 다시 그룹으로 묶으며 나를 대표하는 키워드를 세 가지로 뽑아보세요. 세 가지 키워드를 핵심 주제로 다시 나를 정의하는 글을 써봅니다. 한 가지 주제에 집중해서 써보는 것도 방법입니다.

히라노 게이치로는 《나란 무엇인가》에서 분인을 강조합니다. 개인의 영어는 Individual로 in (부정) + dividuel (나누다)로 구성된답니다. Individual (개인)은 더 이상 쪼갤 수 없는 최소 단위로 나눌 수 없는 존재를 의미하는 반면 dividuel (분인)은 나눌 수 있는 존재입니다. 개인을 정수 1이라고 한다면 분인은 분수입니다. 즉 개인은 여러 개의 분인이 모여 완성된다는 의미죠. 저자는 "나라는 인간 전체를 막연하게 생각하지 말고, 분인 단위로 들여다보면 어떨까?"라고 제안합니다. '지금의 나'와 '과거의 나'가 다르듯, 상대에 따라 나도 다르고, 업무에 따라 업무를 대하는 나도 다르죠. 그런 식으로 분인의 개념을 도입하여 자신을 분석해 보면 어떨까요?

정신없이 지나가는 우리의 삶에 잠시 멈춤의 시간이 필요합니다. 나를 찾아가는 시간. 그때가 언제가 되더라도 절대 늦지 않아요. 주변에 보면 오십 대가 되어도 자신이 누구인지, 뭘 좋아하는지 모르겠다는 사람도 많아요. 지금이라도 발견할 수 있다면 축복입니다.《데미안》에서 싱클레어가 크나우어에게 한 말처럼 그 누구도 도와주지 않아요. 스스로 생각하고, 찾아내야 합니다. 그렇게 나는 글로 완성됩니다.

나를 찾아가는 글을 쓰는 과정에서 여러분의 정체성은 변하고 성장합니다. 그 과정에서 자신을 있는 그대로 사랑하는 법을 배웁니다. 니체의 말처럼 여러분의 삶은 이 순간부터 새로운 바다로 향할 것입니다.

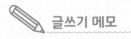 글쓰기 메모

마인드맵 작성하기

예시

지금까지 쓴 글을 다시 읽고 나는 누구인지 마인드맵을 작성합니다.

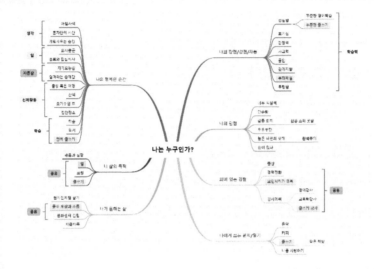

https://bit.ly/3RQwril

평생 학습하는 인간 _____ ✳

> 변화에 뒤처지지 않으려면 평생 학습해야 한다. 따라서 사람들에게 학습하는 방법을 가르치는 것이 가장 중요하다.
>
> 피터 드러커

제가 피터 드러커를 롤모델로 삼는 이유는 96세 임종의 순간까지 학습을 멈추지 않고 사람들에게 학습하는 방법을 알려주기 위해 노력했기 때문입니다. 제가 꿈꾸는 미래 모습을 실제 삶에서 행동으로 보여준 석학입니다. 그동안 내가 행복한 순간, 삶의 의미, 내가 원하는 삶, 장점, 단점, 재능, 의미 있는 경험의 글을 썼습니다. '나는 누구인가'라는 주제로 마인드맵을 정리하니 배움과 공유, 성장이 핵심 키워드로 나왔어요. 저의 모든 욕구와 동기는 학습에서 출발했습니다. 저는 '학습에 최적화된 인간'입니다.

교육 담당이라는 직무를 선택한 이유는 예전 직장에서 신규 입사자 교육을 진행하던 교육 담당이 '있어 보였다'라는 단순한 동기에서 출발했어요. 왜 하고많은 직무 중 그녀가 멋있어 보였을까요? 이성에 대한 호기심이든, 사람을 좋아하는 이유든 저는 지적인 사람이 좋았어요. 지적인 사람을 좋아한다는 것은 그런 사람이 되고 싶기 때문이기도 합니다.

그렇게 시작한 직무는 적성에 딱 맞았어요. 항상 새로운 것을 먼저 받아들이고 이해해서 다른 사람이 쉽게 알 수 있도록 강의나 코칭, 자료를 제공합니다. 다양한 자료를 수집, 정리하여 눈에 쏙쏙 들어오는 슬라이드를 만들 때 희열을 느껴요. 금요일 퇴근 1시간 전에 매니저로부터 다음 주 월요일 간단한 발표를 할 수 있냐는 질문을 받았습니다. 당연히 만들어진 슬라이드는 없고 핵심 메시지를 전달하기 위해서는 1시간 만에 만들 수도 없어요. 내면에서 치밀어 오르는 '주말에라도 준비해서 발표하고 싶은 마음'을 감출 수 없습니다.

강의와 글쓰기는 비슷한 점이 많아요. 강의 슬라이드를 만들기 위해서는 자료도 중요하지만 생각을 정리해야 합니다. 논리적인 흐름과 감성적인 추임새, 핵심 메시지를 어떻게 전달할지 고민이 필요하죠. 글쓰기 역시 구조로 논리를 제공하고 내용으로 감성을 터치하며 도입부 혹은 결론 부분에 핵심 메시지를 전달합니다. 준비한 슬라이드로 현장에서 강의하는 순간은 독자가 발행된 글을 읽는 순간과 동일합니다.

글쓰기가 은근슬쩍 다가와서 제 삶을 송두리째 앗아갔어요. 저녁이 있는 삶, 주말이 있는 삶은 독서와 글쓰기가 점령했습니다. 주말에 책상에서 글 쓰는 시간이 평일 일하는 시간보다 많아요. 주 52시간 근무 위반입니다. 주말에 잠을 못 이루고 눈이 번쩍 떠지니 어쩌란 말입니까? 이 욕구는 어디서 출발하는 것일까요? '내가 아는 것을 혼자 가지지 않고 세상에 알리고 싶은 마음' 때문입니다. 사람들에게 학습하는 방법을 가르치는 게 중요하다고 말했던 피터 드러커의 말처럼 강의로, 글로 사람들에게 학습하는 방법을 알려줍니다.

일도 좋아하지만 사실은 사람을 더 좋아합니다. 바쁜 일이 있어도 우선순위는 사람과의 만남입니다. 일 중심이냐 사람 중심이냐로 봤을 때 제가 사람 중심형 인간이어서 만남을 좋아하는 줄 알았어요. 내면의 욕구를 살펴봤을 때 제가 사람을 좋아하는 이유는 '사람에게서 배우는 마음' 때문이라는 사실을 최근에 알게 되었어요. 대화하며 생각지도 못했던 깨달음을 얻습니다. 제가 몰랐던 사실을 알기도 하고 새로운 시각을 배우기도 해요. 때로는 부정적인 태도를 보며 반면교사로 삼습니다.

동료와 가진 점심 식사 자리에서 그녀의 인생을 배웠습니다. 주말에는 개인적인 약속을 잡지 않고 아픈 엄마의 친구가 되어준다는 말에 저를 돌아봤어요. 저녁 식사 모임에서 지인이 유명 대학의 겸임교수가 되었다고 말했습니다. 준비만 하면 기회는 언제든 온다는 말에 동의하며 인생의 지혜를 되새겼어요. 가을을 느끼려고 간 산행에서 코칭 자격을 준비하는 동료의 끈기와 열정을 배웠습니다. 사람만큼 다양하고 무궁무진한 학습 자원이 또 있을까요?

일과 삶, 관계 이 모든 동기가 학습에서 비롯됩니다. 일이 즐거운 이유도, 글쓰기에 꽂힌 이유도, 사람을 만나는 이유도 모두 학습이 원인입니다. 세 가지가 따로 존재하지 않고 통합적으로 뭉쳐져서 학습으로 데굴데굴 굴러옵니다. 미소를 머금고 두 팔 벌려 껴안아요. 아니 버선발로 달려가 맞이합니다. 사람들은 저에게 에너지가 넘친다고 말합니다. 에너지의 원천 역시 학습에 대한 열정 때문입니다. 그러니 제가 바로 호모 에루디티오 (Homo Eruditio), 평생 학습하는 인간이라고 주장해도 되지 않을까요?

터널 속에서 방황 중입니다 ———————————— ✳

빛이 보이지 않는 터널 속에서 방황 중입니다. 결과를 알 수 없는 상황입니다. 누군가는 인생에서 가장 힘든 시기를 거치는 거라고 말해줬는데요. 그 정도까지는 아니지만 암담한 몇 주를 보내고 있습니다. 숨이 턱턱 막히는 지친 하루를 보내고 저를 다독거리며 잠자리에 들며 어떻게 이 과정을 슬기롭게 벗어날 수 있을까 고민했습니다.

'목표를 세워보면 어떨까?'

제가 원하는 바를 빠르면 3개월 이내에 아니라면 내년이라도 거두어야겠다고 다짐했습니다. 혼자 힘으로 절대 할 수 없는 일이기에 다른 사람의 지원과 행운이 따라야겠지만, 제가 할 수 있는 최선을 다해보기로 했습니다. 그렇게 마음먹으니 조금 편해졌습니다. 어쩌면 저조차도 두려움으로 목표를 밀어내고 있었는지 모릅니다. 어떻게라도 잘 안될 거라는 자의식 (이 부분은 《역행자》에서 아이디어를 얻었습니다) 때문이겠죠? 저를 먼저 설득한 셈입니다.

'그래 할 수 있어. 안되면 어때. 다음에 하면 되지. 일단 올해를 목표로 해보자.'

'대신 원하는 결과를 얻었을 때 고생한 나에게 큰 선물을 주면 어떨까?'

저에게 어떤 선물을 할 수 있을까요? 얼마 전 '스페인 여행을 취소했습니다' 글에서 댓글로 독자분과 소통하며 '언젠가 3주 영어 어학 과정을 도전해보고 싶네요.'라고 썼던 '폴케호이스콜레'를 가고 싶다는 확신을 얻었습니다. 그걸 내년에 저에게 선물하겠다고 선언했습니다.

상상만 해도 기분이 좋아졌습니다. 3주 과정이니 3주 휴가를 내야 합니다. 내친김에 4주 휴가를 내고 3주는 어학 과정을, 나머지 1주는 덴마크 여행을 하면 되겠다 싶었습니다. 가슴이 뛰면서 제 목표를 향해 마구 달려갈 힘이 생겼습니다.

이런 이야기를 했더니 지인이 막 웃으며 그냥 놀러 가지 무슨 어학 과정이냐고 어이없다는 반응을 보였어요. 아마 여러분도 그런 생각을 하시겠죠? 노노입니다. 말이 어학 과정이지, 나이, 성별, 인종에 상관없이 호기심 가득한 전 세계 사람들이 한곳에 모여 서로의 문화를 배운다 생각해 보세요. 영어는 덤이고요. 저만 신나나요? 아무튼 전 상상만으로도 행복했습니다.

'좋아, 내년엔 한 달 휴가 내는 거야.'

문득 과거 제가 쓴 글이 생각났어요. '시작은 잘하지만 지속하기 어려운 당신에게'라는 제목으로 끈기 있게 원하는 목표를 성취하는 세 가지 방법을 제시했습니다. 박사논문 완성이라는 지난한 과정을 극복한 비결이었죠. 동기부여의 최면, 작은 목표, 그리고 작은 성취를 확인할 수 있는 결과물로 2년 동안 방황한 터널을 벗어났습니다.

비슷한 맥락이죠. 작은 목표가 아닌 구체적인 목표를, 동기부여의 최면이 아니라 실물로 제공하겠다고 공약을 한 거죠. 어떻게 보면 희망 고문이라고도 할 수 있는데요. 그렇진 않습니다. 언젠가를 내년으로 바꾸었을 뿐입니다. 언젠가는 영원히 없으니까요. 내년 한 달 휴가를 꿈꾸며 오늘도 힘을 내어 봅니다.

동료들과 하는 흔한 인사말이 있어요.

"언제 한번 밥 먹어요."

전 가급적 이 말을 하지 않으려 노력합니다. 즉시 일정을 확인하여 약속을 잡으면서 말하는 게 더 좋아요.

"이날 우리 밥 먹어요."

《 아이 키우며 일하는 엄마로 산다는 건 》중에서

"

"너한테 아무 말도 해줄 수가 없어, 크나우어. 이런 일은 서로 도울 수 없어. 나도 그 누구의 도움도 받지 않았어. 너 스스로 생각해 보고, 정말로 네 본질에서 나오는 것을 행해야 해. 다른 방법이 없어. 네가 너 자신을 찾아내지 못한다면 넌 어떤 정령도 찾아내지 못할 거야. 내 생각이 그래."

《 데미안 》

"

인간은 지구 이외의 다른 곳에는 존재하지 않는다. 인간은 이 지구에만 있다. 인간은 지구라고 불리는 이 자그마한 행성에서만 사는 존재이다. 우리는 희귀종인 동시에 멸종 위기종이다. 우주적 시각에서 볼 때 우리 하나하나는 모두 귀중하다. 그러므로 누군가가 너와 다른 생각을 주장한다고 해서 그를 죽인다거나 미워해서야 되겠는가? 절대로 안 된다. 왜냐하면 수천억 개나 되는 수많은 은하들 중에서도 우리와 똑같은 사람은 찾을 수 없기 때문이다.

《 코스모스 》

> "누구든 너를 좋아하게 되면, 네가 누구인지 알아볼 수 있어. 아마 처음에는 호기심으로 너를 관찰하겠지. 하지만 점점 너를 좋아하게 되어서 너를 눈여겨보게 되고, 네가 가까이 있을 때는 어떤 냄새가 나는지 알게 될 거고, 네가 걸을 때는 어떤 소리가 나는지에도 귀 기울이게 될 거야. 그게 바로 너야."
>
> 《 긴긴밤 》

나는 누구인가?

마인드맵에 기초하여 나는 누구인가 글을 씁니다.

https://bit.ly/3d1BD4L